十二五高等院校应用型特色规划教材

企业形象设计

朱星雨　闵文婷　主　编
张武志　周昆乔　凌兴向　林昭绚　副主编

清华大学出版社
北京

内 容 简 介

本书立足于使设计师在为企业提供 CI(Corporate Identity)服务之际,有大量的视觉识别 VI(Visual Identity)系统实例可供参考,联合企业教师在校企合作的经验上,以项目式教学为导向,运用案例教学法,非常详尽地整合了近年来成功的企业形象设计 CIS(Corporate Identity System)战略的企业案例及国内外著名的城市形象案例,并做了教师点评。

本书在教学方法上以"章前引导—学习目标—技能要求—课堂案例—案例点评—习题"6段教学法将企业场景引入课堂,在职案例的驱动下,致力于培养从学校到企业的学生在就业上无缝链接的实战技能。

本书从概念的认知到设计与训练,以及案例赏析,全面讲解和分析了企业形象设计的知识点和设计方法。章节体例简洁明了,导学新颖。同时,本书将知识点和项目案例作业结合并做点评,具有很强的适用性,是新型教学模式改革环境下形成的优秀教材,适合艺术设计类院校学生学习与参考使用。

本书封面贴有清华大学出版社防伪标签,无标签者不得销售。
版权所有,侵权必究。举报:010-62782989,beiqinquan@tup.tsinghua.edu.cn。

图书在版编目(CIP)数据

企业形象设计/朱星雨,闵文婷主编. --北京:清华大学出版社,2015(2022.11重印)
(十二五高等院校应用型特色规划教材)
ISBN 978-7-302-41392-9

Ⅰ.①企… Ⅱ.①朱…②闵… Ⅲ.①企业形象-设计-高等学校-教材 Ⅳ.①F270

中国版本图书馆 CIP 数据核字(2015)第 209170 号

责任编辑:彭　欣
封面设计:汉唐风韵
责任校对:宋玉莲
责任印制:宋　林

出版发行:清华大学出版社
网　　址:http://www.tup.com.cn,http://www.qbook.com
地　　址:北京清华大学学研大厦A座　邮　编:100084
社 总 机:010-83470000　邮　购:010-62786544
投稿与读者服务:010-62776969,c-service@tup.tsinghua.edu.cn
质量反馈:010-62772015,zhiliang@tup.tsinghua.edu.cn

印 装 者:涿州汇美亿浓印刷有限公司
经　　销:全国新华书店
开　　本:185mm×260mm　印　张:13.25　字　数:255千字
版　　次:2015年9月第1版　印　次:2022年11月第6次印刷
定　　价:54.00元

产品编号:055645-01

前言

21世纪是视听结合的信息时代,也是形象时代。当今世界上最贵的已不是产品而是品牌。消费呈现多元化形态,人们购买产品的因素不仅仅是质量,丰富的企业内涵与设计艺术的高度结合,成为直接影响消费受众的思维、想象力、审美需要和价值观的重要手段。企业与企业之间的商战已经转向了无形资产的竞争,也就是企业形象力的竞争已经成为商战的焦点。

面对产品同质化的今天,制造企业的个性、追求产品的差异性、树立企业鲜明的品牌形象是现代企业至关重要的使命,企业形象设计 CIS (Corporate Identity System)是创立著名品牌的直通车。真正的 CIS 是从研究品牌资源这一核心问题入手,CIS 战略品牌的资源整合、品牌形象设计、品牌传播推广、品牌扩大与延伸的全过程。一个区域性品牌成为全国品牌乃至国际品牌,都离不开有效性的 CIS 战略——它是企业形象识别设计,是创造现代企业的设计。

本书立足于使设计师们在为企业提供 CIS 服务之际,尤其是进行 VI 规划之时,有大量可供参考借鉴的系统实例作为案头工具辅助设计,从而提高和规范 VI 设计的整体水平。

本书的亮点是案例引用了企业教师校企合作的示范作品。这些作品在市场上广泛应用,效果显著。本书与众不同的地方还有城市品牌形象赏析。通过历年教师出国考察、调研,整合近年来具有代表性的城市形象识别符号,供师生赏析借鉴。

本书由朱星雨、闵文婷担任主编,张武志、周昆乔、凌兴向、林昭绚担任副主编。编写过程中,清华大学出版社提出了宝贵的意见和建议,许多企业和专家也给予多方面的鼓励和支持,我们对此表示衷心的感谢!

虽然我们为编写此书倾注了心力,但百密之中仍有疏漏,恳请广大读者和专家不吝赐教。

编　者

目录

1 第1章
CIS 的概念与基本精神

13 第2章
CIS 的构成要素

35 第3章
企业形象战略的策划和导入

65 第4章
CIS 系统开发和作业程序

91 第5章
视觉识别 VI 的设计开发

153 第6章
城市的品牌与形象设计

203
附录

205
参考文献

第 1 章
CIS 的概念与基本精神

1. CI,英语 Corporate Identity 的缩写,意为企业识别。

2. CIS，英语 Corporate Identity System 的缩写，意为企业识别系统,亦称企业识别体系。

3. Corporate 为企业,Identity 这个词，在英语中至少包含有同一、一致,认出、识别、个性、特征等意思。这里的识别,表达了一种自我同一性。也就是说,自己认识自己和别人对自己的认识趋于一致,达成共识。用在企业上,就可以理解为:企业内部对企业的自我识别与来自企业外部对企业特性识别的一致性、认同达成共识。

学习目标

1. 掌握 CIS 的概念。
2. 认识国内外 CIS 的形成与发展。
3. 理解 CIS 理念导入的客观意义与实际意义。

1.1 企业形象设计概述

在国内,最初将 CI 翻译为企业识别,然而,似乎这又不能完整地表达出 CI 的含义,后来又演进为"企业形象认识"。增加了"形象",倒使识别的范围得到了界定,不过,我们对形象的理解会不会仅仅局限在视觉感知这一点上呢?这好像也反映不出 CI 的深刻内涵。这期间,我们还可以在海内外见到"企业面貌""公司印象""整体识别""企业个性",甚至"公司美容"等种种提法。再后来,渐渐用"企业形象"来表示 CI。

日本设计家西元男认为:CI 设计是"将企业理念、素质、经营方针、开发、生产、商品、流通等企业经营的所有因素,从信息这一观点出发,从文化、形象、传播的角度来进行筛选,找出企业所具有的潜在力,找出它的存在价值及审美的价值,加以整合,使它在信息化的社会环境中转化为有效的标识。这种开发以及设计的行为就叫 CI。"

日本人常常把 CI 看作是一种技法,而中国人觉得这应该是一种战略,西方人认为 CI 不单是简单的管理行为,也不是简单的设计行为,它是庞大的系统,称之为工程,简称 CIS。

总之,CIS 系统不是独立的某一种单项目的设计,它是应用于整个企业运营的全过程,如商标、产品、包装、广告、传播,它包括鲜明的企业定位、准确的企业战略、清晰的企业理念、明确的企业行为规范等,直到整个视觉系统一体化的综合设计行为。

企业形象统合了:

(1) 产品形象(由产品质量、功能、造型、色彩、包装、价格诸要素综合形成)。
(2) 服务形象(销售与售后服务质量与方式)。
(3) 品牌形象(商标、厂牌印象、认知等)。

(4) 社会形象（一般公众的认识和态度，往往与企业在社会、文化环境中担任的角色有关）。

换句话说，CIS 系统就是有目的、有计划地为企业设计和塑造形象，它是创造现代企业的设计，是形象时代强有力的营销武器。

1.2 CIS 的由来与发展

一般认为，CIS 起源于 20 世纪初的欧洲。德国 AEG 电气公司在 20 世纪 20 年代，请著名设计师将"AEG"三个字母设计成标志，并且统一用在信笺、信封以及部分产品上面，这是同一整体识别的最初尝试。

20 世纪 30 年代，在英国伦敦的地铁建设中，为了让市民很快对这种新兴的交通系统留下深刻的印象，当局请设计师们尽可能用统一的形式规范各种独立的设计项目（如车站站牌、车票、系列海报等）。统一的形式在不同的设计上一再出现，加深了市民的印象，取得了良好的视觉效果。

20 世纪 50 年代，第二次世界大战后欧洲的经济亟待复苏，美国也迎来了前所未有的良好的经济发展环境。CIS 设计也从 20 世纪 50 年代到 70 年代，由于欧美各家大企业的介入而得到迅速发展。

在此期间，美国国际商用机器公司（International Business Machine，IBM），一直被认为是在早期成功导入 CIS 的成功典范，其公司标志及应用如图 1-1 和图 1-2 所示。

图 1-1　IBM 公司标志

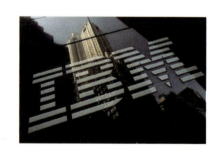

图 1-2　IBM 公司标志的应用

有关 IBM 导入 CIS 的情景曾有这么一个故事：20 世纪 50 年代中期，时任 IBM 公司董事长汤姆斯沃森询问设计顾问埃里奥特，"IBM 公司的优点是具有开拓者的精神和创造性。那么公司怎样才能把这些特色有效地传达给世界呢?"这位顾问回答:"应该透过一切设计来传达IBM的优点和特点,并使公司的设计统一化。"接下来他们绞尽脑汁,开发设计和一般商业设计完全不同的IBM形象。

新的设计不是将各种细节、要素加工刻画使之美化,而是将它们整合、归纳、构筑成一个完整的视觉体系。以"IBM"三字母构成新的标志,以快捷、流畅而极富行业特征的新标志作为统帅来统一所有的设计。在业绩大幅上升的同时,"IBM"这三个连成一体的字母被誉为"蓝色巨人"。

IBM的成功,激发了许多美国的先进企业着手导入CIS,如美孚石油(Mobile)公司,西屋电器(Westinghouse)等。1970年,可口可乐公司革新了世界各地的可口可乐标志后,著名的3M公司,各大航空公司、银行、连锁店、汽车公司……众多行业纷纷导入CIS行列,如图1-3所示。

图1-3 世界各大知名品牌标志欣赏

图 1-3 （续）

20世纪70年代前后，亚洲一些国家和地区迎来了经济腾飞的好时光，日本、中国香港、韩国、新加坡经济迅速发展。日本向来以学习、吸收、照搬西方成功经验见长，并顺理成章地率先将CIS概念引进自己的国家。

图 1-4　HONEY LONG 乡意浓公司标志

日本的设计师将CIS发展分为4个阶段：

第一阶段，实际上，这一阶段只是简单应用，将标志在包装产品等视觉识别系统设计中。这也是视觉识别VIS设计。这种全面的标准化操作意想不到地带来了管理效率的提高，挖掘了潜力，增强了凝聚力，降低了成本。

图 1-5　HONEY LONG 乡意浓公司标志在产品包装中的应用

点评：从图 1-4 和图 1-5 可以看到标志的同一化应用，从视觉传播上很好地整合了企业的形象识别。

第二阶段，20 世纪 70 年代后半期，经济稳定，企业需要迅速提高自己的经营素质，要求企业形象的视觉系统能够从属于企业理念，最大限度地反映出企业的自身价值。例如，小岩井乳业产品的口感及品质通过产品包装传达着该企业的品牌理念（见图 1-6 和图 1-7）。

图 1-6　小岩井乳业（一）

图1-7　小岩井乳业（二）

点评：从图1-6和图1-7可以看出从标志到应用不仅是为了识别，更重要的是表达了企业的经营理念或文化内涵。

第三阶段，进入20世纪80年代，物质丰富，信息泛滥。为了适应新的形势，企业必须进一步提高服务质量，完善企业方方面面的组织结构，提升员工的观念意识，改善企业的综合素质，这也成了导入CIS的主要目的。例如，麒麟啤酒等企业导入了更全面、更系统的设计来树立自己独特的企业形象（见图1-8和图1-9）。

图1-8　麒麟啤酒标志

点评：通过以上图例可以看出CIS的导入提高了企业统一化、同一化、形象化识别。

第四阶段，进入20世纪90年代，企业开始思考如何通过导入CIS来发掘企业的经营资源、开发企业的软价值。在这个阶段，导入CIS的目的侧重于以新的形象向新的事业领域进军。

KIRIN ICHIBAN
一番榨啤酒

图1-9 麒麟啤酒变体标志及组合应用

典型的例子当数伊奈制陶公司,以全新的"INAX"名称和设计来取代旧名称、旧形象,并将企业理念定位为"创造环境美",把生活日用制陶和建筑制陶的事业上升到了哲学理念的高度。其公司标志及应用如图1-10至图1-13所示。

图1-10 伊奈制陶公司标志中英文组合模式　　　图1-11 伊奈制陶公司标志英文组合

图1-12 伊奈制陶公司　　　　　　　　　　　　图1-13 伊奈制陶公司形象墙

点评：通过以上图例可见，CIS的导入不但可以树立鲜明的企业形象，更重要的是可以增加企业的附加价值。

欧洲地区拥有全世界最为稳定的市场，有着最为成熟的消费者，遵循着最为严密的市场规则，预备着最为完善的预防市场动荡的措施，市场稳定因素高。因而，与其他任何国家和地区相比，欧洲市场总是那么温文尔雅。欧洲人最怕喧闹，大张旗鼓的广告促销不可能打动他们。欧洲人反感做作，他们分得清发自肺腑的箴言和花言巧语式的哄骗。

欧洲人注重传统，新奇的促销手段可能会满足他们的好奇心，这与引发他们的消费欲望可不是一回事。欧洲的企业，大多具有几十年上百年，甚至更长一点的历史，企业形象、品牌形象、服务风格都同欧洲人一样经历两次世界大战的考验，也经历过20世纪30年代全球经济危机和种种风浪的考验，是重友情的欧洲人的老朋友。因而欧洲人对以革命性的导入方式来更新自己的企业形象时会非常小心谨慎。无论是顾客还是业主，都反映出对整体的企业形象平和的心态和持重态度。在企业形象和产品形象的开发设计上，他们更注重实际，没有条条框框，不需要空洞的理论依据。图1-14所示图标都是经历了时光雕刻的历史品牌。

图 1-14　各大图标

相比之下欧洲设计界比较宁静，起伏波动不大，没有今天流行这个明天流行那个，也没有像日本那样把 CIS 的发展看作为好几个有代表性的阶段。当然，一旦到了企业形象非改不可的时候，也会毫不犹豫地采取措施。例如，英国一些知名企业在保持原来标识的基础上与时俱进地做了大胆的标志创新，如图 1-15 所示。

总之，CIS 的产生和发展在根本上是工业社会转入后工业社会、工业社会转入信息社会的需要。

图1-15 标志创新

复习思考题

1. CIS理念的导入有什么意义？在当今社会最大的作用是什么？

2. CIS最初出现的原因是什么？在如今的信息社会又应当如何更好、更快地发展下去？

第 2 章

CIS 的构成要素

1. 通过学习 CIS 体系的理论知识,读者应了解理念识别、活动识别、视觉识别的基本含义,掌握三者的基本内容及相互关系,培养 CIS 体系整体运用、独创设计的思想。

2. 在实践过程中应能根据实际情况进行差异化的 CIS 设计,熟悉 CIS 体系表达的常用创意设计,通过领悟和练习能独立形成一套 CIS 设计的经验。

学习目标

1. 了解企业理念传播与渗透的主要方式。
2. 掌握理念识别设计和表达的创意方向。
3. 了解行为识别的含义与具体内容。
4. 掌握行为识别体系对企业形象的表达形态。
5. 了解视觉识别的含义。
6. 掌握视觉识别在企业形象设计中的具体作用。

企业形象重在设计和建立，CIS策划是对企业全方位的规划和设计，从理念到行为，再到视觉识别系统。完整的CIS系统包括三个方面：MI——理念识别（Mind Identity），BI——行为识别（Behavior Identity），VI——视觉识别（Visual Identity）。

具体来讲，CIS系统设计就是把企业人格化。要设计和构建其精神文化、价值观和性格（MI），从而指导企业具有与众不同的良好行为举止（BI）；根据这种企业精神文化塑造一张容易辨认、符合企业性格的脸（VI），给大众留下美好的印象。总的来说，CIS策划的核心任务在于立体化地对外构建企业的性格和形象。MI是CIS体系的大脑和灵魂；BI是CIS体系的骨骼和肌肉；VI是CIS体系的外表形象。企业精神文化则是供血系统，企业文化一旦形成，CIS系统就有了生命力。

2.1 企业理念识别——MI（Mind Identity）

2.1.1 理念识别的概念

理念识别（Mind Identity，MI）是CIS的灵魂，即企业对当前及未来的经营目标、经营思想、营销方式和经营形态所做的总体规划和界定。理念识别系统主要由企业最高目标、企业哲学、企业精神、企业作风、企业宗旨等六个方面构成，这六个方面要全面涵盖，又要有所侧重。

理念识别是CIS的核心和灵魂,因其居于策略层面,故又有"策略识别"之称。MI直接制约着BI和VI的策划及其实施效果,并通过BI和VI向公众诠释其内涵。通过这种形式的沟通,让社会公众了解和认同企业的思想和"灵魂",甚至由于共同的价值追求而产生共鸣。因此在建立MI时,要从企业、市场和消费者三方面进行深入分析,根据消费者的利益需求来设计理念识别。例如,海尔集团的品牌成功离不开海尔集团以人为本的经营之道。如图2-1所示为"海尔之道"理念的标志、标准字及吉祥物。

图 2-1 "海尔之道"理念的CI表现形式

1998年,有一位四川农民向海尔公司投诉洗衣机质量有问题。海尔公司派人上门一看,排水管里全是泥沙——原来当地农民用洗衣机洗土豆。海尔的维修人员没有半点责怪用户不按使用说明来操作的意思,而是热情地为用户修好洗衣机后,迅速将这一信息向公司反馈。对于农民"用洗衣机洗土豆"这样一个"无理"的要求,海尔公司总部十分重视并迅速做出反应,根据农民的愿望研发生产出既能洗衣服又能洗土豆的洗衣机,产品立即畅销农村市场。海尔也获得社会各界的赞誉,其真诚、创新的优秀形象深入人心。

如今,海尔已是世界大型家用电器第一品牌、中国最具价值品牌,世界品牌500强企业前50名。一位普通的维修员工能从一个不合理的投诉中看到顾客的新需求,并难能可贵地把这种需求及时反馈公司;公司总部领导又能及时想顾客之所想,马上开发出能满足顾客需求的新产品,为海尔创造了声誉和效益。海尔CEO张瑞敏将这一切归结为,从集团建立早期开始,海尔就长期重视企业文化的建设,并以其独特的文化激发全体海尔人创造无数奇迹。

海尔MI策划中提出了"海尔之道"理念(图2-1),其内涵是:"海尔之道"即创新之道,打造产生一流人才的机制和平台,由此持续不断地为客户创造价值,进而形成人单合一的双赢文化。

海尔的核心价值观是:

是非观——以用户为是,以自己为非。

发展观——创业精神和创新精神。

利益观——人单合一双赢。

对于企业理念识别建设,海尔总结到:"海尔致力于打造基业长青的百年企业,一个企业能走多远,取决于适合企业自己的价值观,这是企业战略落地,抵御诱惑的基石。"企业理念识别具有一段时期的持续性,只有兼顾民族传统文化和现代社会先进文化的关系,兼顾企业历史、现状、未来的发展特点和需要,才能使企业理念随着时间的推移而沉淀积累,孕育出长久的生命力。

2.1.2 理念识别策划的源泉

1. 民族传统文化

文化是一个社会和群体形成的共同的信念、价值观和行为方式,具有三个要素:精神、载体和群体。我国的民族传统文化,注重家庭观念;讲究尊师敬老、抚幼孝亲;强调礼义道德、伦理等级、中庸仁爱;追求圆满完美;崇尚含蓄、温和和秩序等,无不滋长着儒家思想的根蒂。运用民族传统文化内涵来提炼企业的精神理念,不但容易成为妇孺皆知朗朗上口的佳句,更能让人对其内涵和智慧产生共鸣。马鞍山钢铁公司曾以《周易》"天行健,人当自强不息"中的"自强不息"作为其企业精神;红塔山集团也曾以"天外有天,红塔集团"作为其品牌口号;衡水电机厂也曾提出"顺应天时,借助地利,营造人和"的口号。

《论语》提到"礼之用,和为贵","和"被作为中国传统文化的内在精神和显著特征。2008年北京奥运开幕式作为一个向世界展示中华文明和文化精髓的舞台,充分汲取了儒家思想的精华,"和"字更是被作为开、闭幕式的两大主题之一。

然而,儒家思想的伦理不仅是对中国影响最大的思想体系流派,深刻地影响着人口众多的华人,还对不少亚洲国家乃至世界都有着深远的影响。

日立公司是日本大型的综合性电机跨国公司,20世纪60年代进入中国,成为早期进入中国市场的少数外资企业之一。从1910年创业至今,日立已有100多年的历史。面对各个时代和社会发生的重大变化,日立一直坚持"和"、"诚"以及"开拓者精神"的创业精神。

"和"——凡事要经过充分酝酿和讨论,一旦形成决定,相关人员须同心同德、全力以赴。努力谋求两个协调,即"日立集团内部"的协调和"集团与社会"之间的协调。

"诚"——日立的传统是,无论对人对己都要直率,对自己的工作要全心全意。作为全球化企业公民,日立集团各企业要把社会诚信放在第一位,以诚实的态度开展企业活动。

"开拓者精神"——勇于向未知的事物挑战,不断提高员工开发新产品、新技术的积极性,努力通过创新来为社会基本问题的解决发挥作用。

2．先进的企业文化

先进的企业文化指的是一个企业在发展过程中形成的与所有员工共有的一套观念、信念和价值，它是企业对外传播的核心力量。例如：

（1）海尔集团的企业精神——敬业报国，追求卓越。

（2）二汽的企业哲学——不断改变现状，视今天为落后。

（3）四通公司的企业精神——高效率，高效益，高境界。

（4）东方通信股份有限公司的企业精神——挑战极限，超越自我。

（5）烟台钢管厂的经营宗旨——以优质取胜，靠适销发展。

（6）日本卡西欧公司的企业精神——开发就是经营。

（7）日本丰田公司的企业精神——以科学技术为经，合理管理为纬。

（8）日本本田技研公司的企业精神——创新经营，全球观点。

（9）美国奥辛顿工业公司的经营哲学——照顾好你的顾客，照顾好你的员工，那么市场就会对你加倍照顾。

（10）天津达仁堂制药厂的企业理念

宗旨：选料必求地道，炮灸必求其精。

精神：敢于拼搏争第一，勇于创新增效益，遵纪守法爱集体，振兴中药重信誉。

理想和追求：振兴中药，造福人民。

（11）松下电气的企业理念

使命：通过生产、销售活动，改善并提高社会生活，为世界文化的发展做贡献。

愿景：在 2018 年公司创立 100 周年时，成为电子产业 No.1 的环境革新企业。将环境理念置于所有事业活动的核心，引领在全球范围内兴起的"绿色革命"，为全世界创造更美好的明天。

2.1.3　中国十大成功商业模式解析

企业之间的竞争已不再是简单的产品层级的竞争，正常商业模式不能简单地复制，要通过不断地修正才能保持企业持久的生命力。借鉴基础上的创新是商业模式中商业智慧的核心价值。商业模式就是企业创造营收与利润的手段和方法。尽管从概念上看它并没有什么惊人之处，但每一个商业模式的创新却常常成为人们关注的焦点。改革开放以来我国的"十大成功商业模式"来源于一批在持续经营、盈利能力、核心竞争力、增长态势、影响力与体量等方面表现突出，在成功度、创新性方面优异的企业。它们的盈利模式是什么？又有哪些创新性？我们通过腾讯、阿里巴巴、携程、苏宁电器等这些成功的商业品牌案例来解析它们的企业经营理念。

1. 腾讯企业商业品牌模式解析（见图2-2）

图2-2　腾讯企业（图片来源于网络）

点评：从产业价值链定位来看，腾讯抓住互联网对人们生活方式的改变形成新的业态的机遇，通过建立中国规模最大的网络社区"为用户提供一站式在线生活服务"，通过影响人们的生活方式嵌入主营业务。

腾讯的盈利模式：在一个巨大的便捷沟通平台上影响和改变数以亿计网民的沟通方式和生活习惯，并借助这种影响嵌入各类增值服务。

腾讯的创新性：借互联网对人们生活方式改变之力切入市场，通过免费的方式提供基础服务而将增值服务作为价值输出和盈利来源的实现方式。

2. 阿里巴巴商业品牌模式解析（见图2-3）

图2-3　阿里巴巴（图片来源于网络）

点评：阿里巴巴从产业价值链定位来看，抓住互联网与企业营销相结合的机遇，将电子商务业务主要集中于B2B的信息流，为所有人创造便捷的网上交易渠道。

阿里巴巴的盈利模式：通过在自己的网站上向国内外供应商提供展示空间以换取固定报酬，将展示空间的信息流转变为强大的收入流并强调增值服务。

阿里巴巴的创新性：通过互联网向客户提供国内外分销渠道和市场机会，使中小企业降低对传统市场中主要客户的依赖及营销等费用并从互联网中获益。

3. 携程商业品牌模式解析（见图2-4）

图2-4　携程（图片来源于网络）

点评：从产业价值链定位来看，携程抓住了互联网与传统旅行业相结合的机遇，力求扮演航空公司和酒店的"渠道商"角色，以发放会员卡吸纳目标商务客户、依赖庞大的电话呼叫中心作预订服务等方式将机票、酒店预订、度假预订、商旅管理、特约商户及旅游资讯在内的全方位旅行服务作为核心业务。

携程的盈利模式：通过与全国各地众多酒店、各大航空公司合作以规模采购大量降低成本，同时通过消费者在网上订客房、机票积累客流，客流越多，携程的议价能力越强其成本就越低，客流就会更多，最终形成良性增长的盈利模式。

携程的创新性：立足于传统旅行服务公司的盈利模式，主要通过"互联网＋呼叫中心"完成一个中介的任务，用IT和互联网技术将盈利水平无限放大，成为"鼠标＋水泥"模式的典范。

4. 招商银行商业品牌模式解析（见图2-5）

招商银行的盈利模式及盈利能力：通过扩大服务面、延伸服务线取得多方面的利息收入与增值收入。

招商银行的创新性：将信息技术引入金融业的发展，并以"创新、领先、因你而变"时刻不断推出新服务，引领金融业的发展。

图 2-5　招商银行（图片来源于网络）

点评：从产业价值链定位来看，招商银行抓住了信息技术与传统金融业相结合的机遇，以"金融电子化"建立服务品牌，先后推出国内第一张基于客户号管理的银行借记卡、第一家网上银行、第一张符合国际标准的双币信用卡、首个面向高端客户理财产品的金葵花理财等业务。

5. 苏宁电器商业品牌模式解析（见图 2-6）

图 2-6　苏宁（图片来源于网络）

点评：苏宁电器的产业价值链定位，以家电连锁的方式加强对市场后端的控制，同时加强与全球近 10000 家知名家电供应商的合作，打造价值共创、利益共享的高效供应链，强化自身在整个产业价值链中的主导地位。

苏宁电器的盈利模式：基于 SAP 系统与 B2B 供应链项目、通过降低整个供应链体系运作成本、库存储备并为客户提供更好的服务这一"节流＋开源"的方式实现营收。

苏宁电器的创新性：以家电连锁的方式加强对市场后端的控制力，并以此为基础加强向上游制造环节的渗透，使零售与制造以业务伙伴方式合作提高整个供应链的效率，进而打通整个产业价值链以谋求更高价值的回报。

6. 百度商业品牌模式解析（见图2-7）

图2-7　百度（图片来源于网络）

点评：百度的产业价值链定位，力求"让人们最便捷地获取信息，找到所求"，为网民提供基于搜索引擎的系列产品与服务，全面覆盖了中文网络世界所有的搜索需求。

百度的盈利模式：采用以效果付费的网络推广方式实现营收。

百度的创新性：借助超大流量的平台优势，联合所有优质的各类网站建立了世界上最大的网络联盟，使各类企业的搜索推广、品牌营销的价值、覆盖面均大面积提升，并从中扩大盈利来源。

7. 华为商业品牌模式解析（见图2-8）

图2-8　华为（图片来源于网络）

点评：华为的产业价值链定位，以客户需求为驱动，定位为通信设备领域的系统集成服务商与量产型公司，为客户提供有竞争力的端到端通信解决方案，并围绕通信设备领域的整个产品生命周期形成完整的产品线。

华为的盈利模式：主要依靠整个通信产品的整个产品生命周期赚钱。

华为的创新性：凭借通信设备领域整个产品生命周期上完整的产品线的营收，以牺牲暂时的亏损为代价将投入市场的新产品按两三年后量产的模型定价，利用企业规模效益、低耗与高效的供应链管理、非核心环节外包、流程优化等方法挖掘出的成本优势挤垮或有效扼制国内竞争对手，并利用研发低成本优势快速抢夺国际市场份额，打压在成本上处于劣势的西方竞争对手，形成著名的"华为优势"。

8. 巨人商业品牌模式解析

从巨人品牌的产业价值链定位来看，集团紧紧抓住企业价值链上"营"与"销"的环节，通过颠覆式的"营"定义新的产品或服务，通过"地毯式"与"侧翼进攻"的"销"加强对市场后端的控制力。

巨人品牌的盈利模式：尽管在表面上"脑白金"、"黄金搭档"、"黄金酒"用的是传统盈利模式而"征途"游戏采用"基础服务免费＋道具收费"的模式，但实质上巨人是通过营销创新形成的产品服务新概念实现营收。

巨人品牌的创新性：紧紧围绕消费者的消费习惯、消费决策处境、消费心理、消费心态等实际需求，用全新的"营"与"销"的方式将实际品质不高的产品或服务赋予全新的概念，并以较短的销售渠道、较宽的销售网络从侧翼迅速介入市场。

9. 比亚迪商业品牌模式解析（见图 2-9）

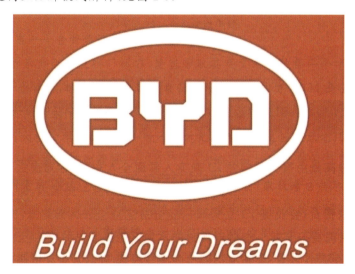

图 2-9　比亚迪（图片来源于网络）

点评：比亚迪产业价值链定位依托某一产业领域的技术优势，在相关产业转型或兴起的背景下，将其产业优势向这一领域进行逆向的产业转移，形成跨领域的、稳步攀升的产业扩张。

比亚迪的盈利模式：在产业转移与扩张的过程中，通过改变产业景框、设定新的游戏规则、合并细分市场、整合顾客需求进行价值创新，以蓝海战略实现营收。

比亚迪的创新性：基于电池领域的绝对竞争优势与产业优势，在已有商业领域取得成功后，以较强的复制能力、稳定性、技术创新等，集中利用内部资源、整合各业务群中的优势元素塑造向新兴领域或转型产业进行产业布局的转移与调整，繁衍一个又一个新业务，实现塑造蓝海、产业扩张与价值创造的统一。

10. 联想商业品牌模式解析（见图 2-10）

图 2-10　联想（图片来源于网络）

点评：联想的产业价值链定位依托强大的销售网络，以"贸工技"向"创新驱动"的路径，围绕国际计算机及信息服务产业价值链，从加工代销的低端环节向重研发、重服务的高端环节与高级业态攀升与演化。

联想的盈利模式：在产业升级的过程中，逐步由以往的大规模低成本制造作为盈利源开始向以服务增值作为盈利增长点的方向转变。

联想的创新性：在缺乏，甚至一度弱化自主知识产权的"弯路"下，依托庞大的国内市场与政府支持，利用民族情结建立起庞大的营销体系、服务网络与市场优势，逐步以产业后端市场的控制力提高对产业中端资本的控制力，进而以产业中端资本的控制力提升对产业前端技术的控制力。

对上述商业模式进行梳理不难发现：

第一，"十大成功商业模式"从年代的角度来看呈现出"两端少、中间多"的格局，所涉及的企业实现了持续经营并具有较强的盈利能力和一定的体量。

第二,"十大成功商业模式"可进一步划归为"基于技术突破与创新"和"主要依托产业价值链融合与分解"两类,并在不同的领域与产业价值链条上做出了不同程度的创新。这表明,成功的商业模式非常一样而又非常不一样。非常一样的是创新性地将内部资源、外部环境、盈利模式与经营机制等有机结合,不断提升自身的盈利性、协调性、价值、风险控制能力、持续发展能力与行业地位等。

非常不一样的是在一定条件、一定环境下的成功,更多地具有个性,不能简单地复制,而且必须通过不断修正才能保持企业持久的生命力。借鉴基础上的创新永远是商业模式中商业智慧的核心价值。

2.2 企业活动识别

2.2.1 行为识别

行为识别(Behavior Identity,BI)是 CIS 的活动部分,相当于企业的媒介,即以企业经营理念为核心,对企业运作状态和宣传方式所做的规范化、协调化的统一规划和执行行为。

具体行为分为对内和对外两部分。对内活动主要是对全体员工的规范化组织管理和严格岗位培训,以及创造良好的内部工作环境,其对象是以员工为活动对象,目的是造就企业良好的综合素质与核心竞争力,解决的是企业"内因"的问题。对外活动主要包括促销活动、公益性活动、公共关系活动、广告活动、宣传活动、展示活动等,主要是为企业营造良好的发展环境,解决的是企业的"外因"层面的问题。

2.2.2 BI 策划的具体内容

1. 对内活动

企业 BI 策划的对内活动主要包括企业制度、企业风俗、员工行为规范的设计和制定。

企业制度是最集中体现了企业理念对员工、部门的行为准则,企业制度体系主要分为工作制度、责任制度、特殊制度。建立企业制度体系的根本目的是科学、高效地管理企业,因此要根据企业发展的现实需求,既要体现MI的主导思想,又必须充分体现"以人为本"的原则,这样才能可持续地发展和推广企业制度。

企业风俗是企业继往开来而制定的典礼、仪式、习惯行为、节日、活动等,是企业个性化的体现。例如,日本的一些企业把企业风俗宗教化,把一些企业固定的程式神圣地包装为"松下教""本田教"。又如支付宝公司为了提高公司效率,采取"站立式会议"的高效短会模式。最为常见的企业风俗有快餐连锁店、员工集体操或舞蹈,同季度生日的员工生日会,年会等。

员工行为是企业所有员工提倡发扬的一些共性行为和工作习惯。这是长期企业员工自发形成,企业管理层有目的地引导培养而建立的员工行为规范,主要内容包括着装要求、工作纪律、工作流程要求、职业素质等方面。例如,美国的麦当劳(Mcdonald)快餐公司,在其卓越的以金色拱门为中心的形象之外,特别强调了服务业取得成功的关键——BI,将优质的快餐这个企业理念,有力地贯穿在以标准服务为特征的各个方面:标准原料与配料,标准加工,标准服务质量。麦当劳提出的"微笑服务""三分钟点餐",都是通过向员工提出具体的行为标准而提高企业的服务质量,让消费者直接体验到企业的服务理念。这种标准化的服务,在其分布于世界各地的连锁店中得到严格执行,从而产生一种鲜明独特的BI,与其VI一道,形成一个无往不胜的CI体系王国。

2. 对外活动

企业BI策划的对外活动主要包括促销活动、公益性活动、公共关系活动、广告活动、宣传活动、展示活动等,相对于对内活动而言,更能让社会各界认识、了解企业的理念,从而达到使外部认知、认同企业的形象。

诞生于1912年的奥利奥饼干提出一种最佳食用方法:扭开奥利奥夹心饼,舔一舔奶油夹心,把巧克力饼干泡进牛奶。在奥利奥的所有广告中,这一套独特吃法都会由小孩按部就班地逐步演绎,这种区分其他的饼干品牌行为识别往往让人一见难忘(如图2-11所示)。进入中国市场后,奥利奥保留了这种品牌行为,以"扭一扭,舔一舔,泡一泡"作为广告语一直延续至今,并发展成为中国最具影响力、最成功的饼干领导品牌。

如今中国逐渐成为全球举足轻重的消费市场,越来越多企业都重视并摸索着符合中国特色的品牌建立道路,出现了不少可圈可点的企业对外活动的BI策划案例。旺旺食品公司抓住中国人图吉利的思想,在进入中国大陆市场时,便打出"早晨起来,大叫一声旺旺!"的广告口号,并在广告中设计出一个和口号配合的动作。美之源果粒橙为了突出产品使用天然果汁的特性,提出"喝前摇一摇"的饮用方式,并通过视频广告反复强调这个摇晃的动作。百事可乐在2008年北京奥运期间,虽不是奥运赞助商,但却以为中国喝彩的形式打了一个漂亮的擦边球,策划一次全民互动的广告运动,同时设计了一个双手

图 2-11 奥利奥广告"扭一扭,舔一舔,泡一泡"

竖起大拇指合并的手势,提出"全民携手,舞动中国"的口号(如图 2-12 所示)。不难发现,在对外活动的 BI 策划中,更多是利用广告与目标受众的互动,以易于模仿的动作作为沟通,引导受众模仿和二次传播,从而达到更有深度和广度的影响。

图 2-12 百事可乐 2008 年奥运期间广告

随着新媒体的兴起，许多流行元素通过网络，由网民模仿、二次创作、二次传播而引起在短时间内爆炸。其中，不少妇孺皆知的网络元素会被广告主利用，利用其新鲜感和知名度来吸引受众的注意力。例如，《舌尖上的中国》成为热播全国的美食专题片后，各种与食物有关的书籍、餐饮业纷纷开始模仿"舌尖上"的词组结构作为命名或广告文案。又如风靡全球的《江南 Style》视频中的骑马舞姿势和"航母 Style"的指引飞机起飞姿势，一夜间即刻衍生出各种"Style"，不分行业地出现在各种广告中。值得注意的是，利用网络流行元素虽然可以吸引眼球，但是如果与广告诉求点没有很好的相符度，往往只是让人记住了广告中的流行元素，而忘记了是谁在做广告。

2.3 企业视觉识别——VI（Visual Identity）

2.3.1 视觉识别

视觉识别（Visual Identity，VI）是 CIS 的外表形象，即以企业名称、标志、标准字体、标准色彩为核心展开的完整、系统的视觉传达体系，贯穿于企业存在和行为的各个方面，成为企业形象差别化和企业特征的主要表现方式。其中，产品包装、企业环境、企业网页都是视觉识别的重要内容。

形象只有通过有效地传达才能广为人知、深入人心。消费者对企业的认识除了直接的体验认识外，更多的是通过信息传达来获得的。毕竟潜在消费者永远多于现有消费者，因此，视觉识别和传达具有独立的价值，在整个 CIS 系统传达中占主导地位。但是视觉识别的运用并不仅仅局限于所见之物，往往需要结合听觉、嗅觉、触觉等感官元素来构造一个立体的企业感官形象。如法国兰蔻（如图 2-13 所示），再如定位为白领们在工作场所和生活居所以外的"第三空间"的星巴克，以一句"我不是在星巴克，就是在去星巴克的路上"深入人心。随着其知名度的提升，星巴克在 LOGO 设计上逐渐淡化其产品信息（如图 2-14 和图 2-15 所示），力求塑造一种超越咖啡本身的生活姿态，以在消费者内心播种品牌理念来代替卖产品。在店内环境设计方面，星巴克通过原木家具，营造一个浪漫舒适的小资环境；而开门即扑鼻而来的咖啡浓香，更是从细节上立体地加深了消费者对其 VI 的体验和记忆。

图 2-13　法国兰蔻品牌结合了听觉、嗅觉、触觉等感官元素

图 2-14　逐渐淡化产品信息的星巴克 LOGO

图 2-15　逐渐淡化产品信息的星巴克招牌

2.3.2　视觉识别是企业理念的物质形态

　　CIS 系统是"沟通企业理念和文化的工具",其本质是整体形象战略的制定和传达。有了特定的企业理念,才会有表现于外的独特企业形象。企业理念和形象战略导向的正确与否是 CIS 系统成功与否的关键。

　　例如,20 世纪 60 年代末,已经成为"美国国民共同财富"和"美国文化象征"的可口可乐饮料,在公司精心策划下成功地完成了企业理念和形象的转变。将原先的"喝"(drink)可口可乐变成"享用"(enjoy),一词之变体现了公司对未来趋势的驾驭能力。在此以前,人们只是将饮料作为水的替代品,强调的是产品的生理功能。可口可乐公司预感到 20 世纪 70 年代以后,随着战后"新生代"的成长,消费方式和态度将产生重大变化,产品的生理功能被使用产品所关联的生活方式、品位、形象等文化因素所渗透。必须将可口可乐饮料塑造成青年一代所向往的健康、激情、充满活力、高品质等美国生活方式的象征。这一思路今天看来也许司空见惯,但在当时都是富有先见和创造性的。新的形象策略确定,公司的视觉传达系统精心调整后,其影响延续至今,使可口可乐公司的全球化营销策略得以成功推行。

再例如,麦当劳在 2009 年启动了"颜色革命",将它已使用约半个世纪,为世人熟悉的麦当劳"M"字双拱形徽标的红色底色替换成绿色(如图 2-16 所示)。德国和奥地利的麦当劳餐厅作为先行点,由绿替红的颜色变化是为了彰显麦当劳尊重环境价值的企业理念。麦当劳从 20 世纪 80 年代进入中国市场,培养的最主要忠诚消费者如今已长大成人。为了适应市场变化,自 2011 年起麦当劳标志的底色、店面装修主色从原来的红色改为酷酷的黑色(如图 2-17 所示),广告口号也改为充满个性的"我就喜欢",这是根据企业的营销策略而进行的 VI 改动,既是一种便捷、清洁、舒适、活力的美国文化的代表,又是其企业文化的体现。

图 2-16　麦当劳在德国、奥地利的"颜色革命"

图 2-17　麦当劳迎合忠诚消费群体的变化改变主色调

2.3.3　视觉识别是品牌价值的物质载体

根据劳动价值理论:品牌价值是品牌客户、渠道成员和母公司等方面采取的一系列联合行动,能使该品牌产品获得比未取得品牌名称时更大的销量和更多的利益,还能使该品牌在竞争中获得一个更强劲、更稳定、更特殊的优势(Srivastava,Rajendra K. and Allan D. Shocker. 1988)。品牌价值在很大程度上为品牌拥有者护航,是价值稳定、客户忠诚、利润长久的保障。

品牌价值作为一种无形资产，需要通过企业视觉识别系统，转换成有形的有价值的名称、标志、标准字体、标准色、产品包装、企业环境设计、网页设计等物质形态，实现品牌价值有形的变化和发展，以及其物质价值交换。因此，企业的视觉识别系统是品牌价值的物质载体，也是品牌价值实现交易的最终载体。企业的VI系统需要通过法律注册登记，才能有效地保护企业的品牌资产利益。

　　企业的VI系统紧紧牵动着品牌利益，著名凉茶品牌王老吉与加多宝的"红罐之争"可算是经典案例了。

　　"王老吉"凉茶始创于1830年清朝道光年间，当时作为凉茶的品牌名称"王老吉"，以及其药方由创始人的王氏家族拥有。新中国成立后，中国大陆的"王老吉"的品牌经营权由国企广药集团掌管。1995年，广药集团把"王老吉"的20年品牌使用权以租赁形式租给加多宝。得到品牌使用权后，加多宝十分重视品牌的重新定位和培养。它注册了"红罐"的饮料包装，在广告中反复强调其红罐的产品形象，以其区别其他品牌的饮料。另外，加多宝打破了王老吉仅以药用的定位界限，首先提出"怕上火，喝王老吉"的广告口号，把王老吉重新定位成一种时尚、祛火、老少皆宜的功能饮料，并在13年内使"红罐"王老吉的销量在中国市场超越了可口可乐，创下了中国饮料品牌的销售奇迹。其间，加多宝创造了不少成功的营销案例，最为经典的如"汶川地震中捐出一个亿"，以及在捐款后在网络上制造病毒营销。正当加多宝让"王老吉"的品牌成功享誉中国市场时，广药集团来了个"草船借箭"，推出绿色纸盒装的"王老吉"饮料（如图2-18所示），以"王老吉，还有纸盒装"的广告口号轻松分得饮料市场上的一杯羹。

　　随着品牌使用权租赁期的结束，广药和加多宝开始分家了。首先，是产品名称的争夺。加多宝把原来的产品名称改名为"加多宝"，并在广告中沿用之前的广告语"怕上火，喝加多宝"，并强调"全国销量领先的红罐凉茶改名为加多宝"；与此同时，广药则在广告中引用加多宝原来的广告口号，改为"怕上火，还是喝王老吉"。

图2-18　加多宝打响"王老吉"品牌时，广药推出绿纸盒装王老吉

其次,是标准色和产品包装争夺。起初,加多宝的罐装王老吉以中国人喜爱的红色为标准色,塑造吉祥喜庆的品牌形象。广药集团的纸盒饮料装王老吉则保持了与其药剂相同的标准色,采用的是与加多宝相反的绿色。在多年的品牌建设积累中,比起"王老吉"的名称,加多宝在广告宣传中更为强调"红罐"形象,因此"红色""罐"的VI形象成为王老吉品牌价值的核心载体。品牌使用租赁结束后,广药集团也同样推出了红罐包装的王老吉凉茶(如图2-19所示),在广告语中郑重声明"红罐王老吉从未更名"。此外,如今随处可见王老吉和加多宝的户外广告、电视植入广告,广告内容无不紧紧围绕着"红罐"形象的强化和突出。

图2-19 加多宝与广药的"红罐"之争

复习思考题

1. 就著名品牌参与评析。
2. 什么是MI、BI和VI,它们之间的关系如何?

第 3 章

企业形象战略的策划和导入

  CIS 战略的根本目标是全方位塑造个性鲜明的企业形象，CIS 战略是一种超越传统观念的企业形象整体战略，是企业总体战略的一个重要组成部分。CIS 对内可以强化群体意识，增强企业的向心力和凝聚力，对外可使社会大众更明晰地认知该企业，建立鲜明的企业形象，为企业的未来发展创造整体竞争优势。

学习目标

1. 了解企业 CIS 战略的策划方法与导入步骤
2. 掌握企业形象战略策划
3. 认识 CIS 战略对于企业的意义以及关键的影响因素

CIS 产生于现代市场经济，成熟于国际化的竞争环境。当初它只是通过视觉传播差别化设计，让更多的社会公众理解和认识企业或产品，从而达到促销目的的一种手段。由于竞争的发展，这种差别化设计逐渐扩展渗透到企业各个领域，成为一种新的经营方法，即 CI 战略。

3.1 企业形象战略的策划

CIS 无论怎样发展与变革，它始终围绕着一个理念核心在运动，它是为企业解决社会、公众、自然的关系问题，它所使用的手段是塑造企业形象，解决问题的方式是不断变革，创造新的企业形象以改善和推进企业的发展，维护企业、公众、社会、自然的动态平衡。因此，CIS 战略的根基始终是放在企业自身形象的设计与开发上，而 CIS 企业形象设计就是为了塑造企业的品牌形象。

3.1.1 品牌定位

CIS 的最终目的是通过提高企业形象来增强企业的知名度，通过实施 CIS 战略，增强企业的附加价值，树立企业品牌形象。品牌定位是企业在市场定位和产品定位的基础上，对特定的品牌在文化取向及个性差异上的商业性决策，它是建立一个与目标市场有关的品牌形象的过程和结果。

1. 形象定位

一个公司导入 CIS 的重要目的是塑造公司的优良形象。但是，执行 CIS 计划是要塑造一个什么样的公司形象呢？换句话说，公司将如何给自己进行形象定位呢？这是CIS策划中的一个关键问题。公司的形象定位与发展战略目标密切相关。

1) 发展与战略目标

公司的形象定位与发展战略目标密切相关，一个企业未来的发展目标影响企业的规模，同时影响企业未来的实力。例如，一家多元化行业发展的集团公司，那么它未来的形象定位应该是一家具有相当实力、多元化的集团公司形象。再例如，美国宝洁公司（如图3-1所示），旗下的品牌涉及美容、健康、家居、彩妆、香水等，是目前全球最大的日用品公司之一。

图3-1 宝洁公司标志

2) 事业领域

公司的形象定位同公司的事业领域确定密切相关。例如，一个生产经营化妆品的公司，那么它的形象定位应该是同它的主导产品形象相关联的，由此决定了公司形象的行业特征。如图3-2至图3-5所示是欧莱雅集团公司旗下的品牌标志。它们的设计充分体现了女性的柔美和曲线美，突出了女性化妆品美容美肤的行业特性。

图3-2 欧莱雅顶级品牌HR（赫莲娜）

图3-3 欧莱雅二线产品Lancome（兰蔻）

图3-4 三线产品L'Oreal Paris（巴黎欧莱雅）

图3-5 三线产品小护士

3）经营理念、社会价值

企业经营理念是企业形象识别系统的核心内容，它的确立与完善是企业识别系统的基础和依据，是整个CI战略的出发点。企业经营理念的确立是企业CI战略计划的基础。不同的企业在经营理念上有不同的侧重点，有些企业侧重于企业内部文化的建设，而有些则偏重于企业外部形象的塑造，例如，顾客至上、服务社会等。IBM（如图3-6所示）几十年一直是以服务的高度责任感为理念取信于广大客户，麦克唐纳公司也以"质量超群、服务优良、清洁、货真价实"的服务宗旨而著称于世。经营理念的确立是建立在对企业内部、外部综合分析的基础之上的。通过调查与分析，可以明确企业在市场中、社会中所处的地位与存在的价值，可以明确企业发展的方向与今后的使命。经营理念的确立可以明确企业在社会与市场中的定位问题，可以为企业注入新价值观，从而制定出企业有效的经营战略，塑造出先进的企业文化。如图3-6和图3-7所示分别为IBM与戴尔公司的标志，它们以服务精神著称于世。

图3-6　IBM公司的标志

图3-7　戴尔公司的标志

4）企业形象标语与口号

企业形象标语和口号（如图3-8至图3-11所示），是企业方针的浓缩感性的表现形式，将企业的内涵、服务的特色、公司的价值取向汇集一体、融会贯通。它运用最精练的语言，描述企业的形象，反映和呈现企业追求的价值观念。透过企业形象的标语和口号，可以向世人传达企业的精神理念。

图3-8　李宁口号"一切皆有可能"

图3-9　中国电信口号"世界触手可及"

图 3-10　格力空调口号"格力掌握核心科技"　　图 3-11　万家乐电器口号"万家乐 乐万家"

2. 市场定位

市场定位就是勾画企业在目标市场上即在顾客心目中的形象,使企业提供的产品或劳务具有一定的特色,顺应顾客的一定需要和偏好,并与竞争者的产品或劳务相区别。一般来说,市场定位有 3 种类型。

1) "针锋相对"式定位

定位在同行业竞争者相似的位置上,以便与其争夺同一细分市场。竞争性定位是一种与在市场上居支配地位的竞争对手"对着干"的定位方式,即企业选择与竞争对手重合的市场位置,争取同样的目标顾客,彼此在产品、价格、分销、供给等方面少有差别。采用这一战略定位,企业必须比竞争对手具有明显的优势,应该了解自己是否拥有比竞争者更多的资源和能力,必须提供优于对方的产品,使大多数消费者乐于接受本企业的产品,而不愿意接受竞争对手的产品。

【案例 3-1】

在世界饮料市场上,作为后起之秀的百事可乐进入市场时,就采用过这种方式。"你是可乐,我也是可乐",与可口可乐展开面对面的较量。实行迎头定位,企业必须做到知己知彼,力争比竞争对手做得更好。否则,迎头定位可能会成为一种非常危险的战术,将企业引入歧途。百事可乐和可口可乐作为世界饮料业两大巨头,100 多年来上演了一场蔚为大观的"两乐之战"。"两乐之战"的前期,即 20 世纪 80 年代之前,百事可乐一直惨淡经营,由于其竞争手法不够高明,尤其是广告的竞争不得力,所以被可口可乐远远甩在后面。然而经历了与可口可乐无数交锋之后,百事可乐终于明确了自己的定位,以"新生代的可乐"形象对可口可乐实施了侧翼攻击,从年轻人身上赢得了广大的市场。可口可乐产品及外观(见图 3-12)和百事可乐产品及外观(见图 3-13),非常相似,很难分清哪个好,见图 3-14 是其外观上的细微差别。自 1983 年,百事可乐公司聘请罗杰·恩里克担任总裁,他一上任就把目光盯在了广告上。对软饮料而言,由于百事可乐和可口可乐的产品味觉很难分清孰优孰劣,因此,焦点便在塑造商品性格的广告上了。无独有偶,在我国也有这样的现象,那就是王老吉和加多宝了,其竞争激烈的强度并不亚于"两乐之争"。

图 3-12　可口可乐产品及包装

图 3-13　百事可乐产品及包装

图 3-14　两者外观上的不同

2)"填空补缺"式定位

寻找新的尚未被占领的,但为许多消费者所重视的位置,即填补市场上的空位。

3)"另辟蹊径"式定位

当企业意识到自己无力与同行业强大的竞争者相抗衡从而获得优势地位时,可根据自己的条件取得相对的优势,即通过突出宣传自己与众不同的特色而在某些有价值的产品属性上取得领先地位。例如,天地一号饮料(见图3-15和图3-16),又被戏称为"领导壹号"。十多年前,天地壹号企业负责人受国家某领导人在广东视察时宴会上选择雪碧勾兑陈醋新颖喝法的启发,组织营养专家采用优质山西老陈醋,蜂蜜和营养维生素BT-左旋肉碱科学研配出健康佐餐醋饮料——天地壹号,开创中国醋饮料的先河。"天地壹号"陈醋饮料以其前所未有的独特性、显著的保健功能和良好的口感,备受消费者的欢迎。

图3-15　天地一号广告　　　　　　　图3-16　天地一号苹果醋饮料

3. 文化性定位

分析该企业的行业特色,同时挖掘与企业相关的历史、地理、人物、故事和神话,而且应该发扬民族的传统特色。中国有五千年的文明历史,瓷器、陶器、玉石、书画和大量的民间娱乐活动皆可以作为中国本土化的设计元素。诗词歌赋,千古绝唱,更是绝无仅有。对于一个庞大的企业集团来说,没有企业文化的认同,其可持续发展是不可想象的。

【案例3-2】北京同仁堂的企业文化

1) 企业背景

北京同仁堂创建于清代康熙八年(公元1669年),距今已有340多年的历史,历经数百年沧桑变革却能老树常青、开枝散叶、生机盎然,是名副其实的老字号,而今又成为闻名遐迩的现代化股份制企业,其生存能力之强令人慨叹,发人深思。究其原因,同仁堂自始至今都重视文化的浸染和建设是非常重要的一条。

2) 同仁堂的文化张力

三百多年的悠悠历史,供奉御药历经八代皇帝的传奇经历,铸就了同仁堂独特而又深厚的文化底蕴。见图 3-17 是同仁堂的标志,该标志以两条飞龙围绕"同仁堂"三字戏珠为主体,在我国,龙是至高无上的象征,两条飞龙,代表着源远流长的中国医药文化,"同仁堂"三字犹如御匾,寓意了以药品质量为至尊。从始至今浸润在文化氛围里的同仁堂,越来越有生机,而强大的文化张力使同仁堂不断散发出浓浓的品牌魅力。

图 3-17　同仁堂的企业标志

"同仁堂"商标的设计意图:在有着悠久历史文化的中国,龙是至高无上的象征,北京同仁堂数百年的制药精华与特色是处方独特,选料上乘,工艺精湛,疗效显著,因而在国内外医药市场上享有盛名。本商标采用两条飞龙,代表着源远流长的中国医药文化历史,"同仁堂"作为主要图案是药品质量的象征;整个商标图案标志着北京同仁堂是国之瑰宝,在继承传统制药特色的基础上,采用现代的科学技术,研制开发更多的新药造福人民。

3) 同仁堂的文化载体

聪明的同仁堂深知企业文化的力量对企业发展的重要推动作用,因而千方百计通过各种载体各种途径不断地传播这种文化,强化这种力量。

刊物。刊物是传统的传播载体。同仁堂人在办好内部刊物《同仁堂》的同时,还注重文化厚重性与传播通俗性相结合,既有沉甸甸的著作《国宝同仁堂》(见图 3-18),又有轻松活泼的《同仁堂历史连环画》(见图 3-19),适合不同层次对象的阅读。

网络。从同仁堂的网站建设看(见图 3-20),非常重视品牌文化的地位,栏目清晰,内容齐全,让人点指间便能大致了解同仁堂的辉煌历程和文化理念。

影视作品。影视和舞台剧是大众喜闻乐见的载体。见图 3-21 电视剧"大宅门"等多部以同仁堂历史故事为蓝本的影视作品和舞台剧,如《大清药王》、《风雨同仁堂》、《戊子风雪同仁堂》等,深受观众们的喜爱。甚至在北京大栅栏老店夹道里每天循环播放的十分钟小电影都吸引着不少中外游客驻足观看。老百姓喜欢看故事,影视作品通过曲折的故事、丰富的史料、鲜活的人物把深层思考和文化底蕴生动体现出来,令人荡气回肠,远比单纯的诠释理念更能打动人心,更能让人记住企业品牌。

医馆(院)。见图3-22"北京同仁堂医院",以医传文,在古时老中医坐堂的基础上发展为医馆(院),以仁心仁术践行着"修合无人见,存心有天知"的古训。

其他途径。如不断以企业文化为核心加强员工培训,以员工的精神面貌反映文化建设;建立博物馆和研究院,深层全面展示或研究同仁堂文化与中医药文化;积极参加各类公益活动和晚会,与民众相融;努力在店堂装修和产品包装上下功夫,体现独特的企业风格等。

无疑,这些做法是成功的。通过各种各样的形式对企业文化进行大力宣传,起到了扩大影响,让老百姓耳熟能详的效果。

图3-18　同仁堂发展史

图3-19　同仁堂历史连环画

图3-20　同仁堂网站

图3-21　电视剧"大宅门"

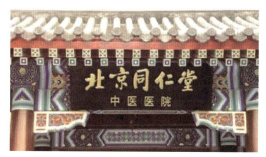

图3-22　北京同仁堂医院

3.1.2　企业名称

公司名称对一个企业将来的发展而言，是至关重要的，因为公司名称不仅关系到企业在行业内的影响力，还关系到企业所经营的产品投放市场后，消费者对该企业的认可度。

1. 企业名称的基本特点

1) 简短明快、具有鲜明的识别性

名字字数少，笔画少，易于和消费者进行信息交流，便于消费者记忆，同时还能引起大众的遐想，寓意更加丰富。名称字数的多少对消费者的认知程度是有一定影响的。字数越少认识程度越高，亦即名字越短越具有传播力。如南货店的南货两字，当铺中的当字等都以简短的语言概括了其经营的内容与特性，好记好懂（见图3-23）。

图3-23 TCL、361°等企业名称

2) 符合企业理念、服务宗旨

企业名称应以企业为出发点，与企业的服务宗旨相一致，符合企业理念，这样有助于企业形象的塑造。

再如，如图3-24所示的中国银行标志，整体简洁流畅，极富时代感，标志内又包含了中国古钱，暗合天圆地方之意。中间一个巧妙的"中"字凸显中国银行的招牌。把中国传统文化的精髓，融入西方现代设计的理念中去。这种相融并不是简单相加，而是在对中国文化深刻理解上的融合。

3) 企业名称应具备自己的独特性

具有个性的企业名称可避免与其他企业名称雷同，以防混淆大众记忆，并可加深大众对企业的印象。如图3-25所示的"七匹狼"企业，LOGO是一头向前奔跑的狼、以昂头挺尾奔越的形状、四脚蓄积爆发的立姿表现公司创业者勇于突破，独具个性的舒展形象。

图3-24 中国银行标志　　　　图3-25 七匹狼商标

2. 企业名称要注意的因素

1) 要有冲击力、有气魄、给人以震撼

企业名称应具备不同凡响的气势，具有冲击力、给人以震撼。如图3-26所示的"真功夫"快餐连锁的标志,引用武打明星李小龙的形象来命名,名字响亮,意义非凡,利用"真"和"蒸"的音达到意想不到的效果。

图 3-26 "真功夫"快餐连锁广告

2）企业名称要响亮、易于上口

如图 3-27 所示的百事可乐公司商标和图 3-28 所示的百佳超市连锁店商标,名字响亮而又具有节奏感,因而极具有传播力。名称比较拗口,节奏感不强,读起来不易上口,也不利于传播,从而很难达到大众的共识。

图 3-27 百事可乐公司商标

图 3-28 百佳超市商标

3）企业名称要富于吉祥色彩

如图 3-29 所示的金利来公司商标和图 3-30 所示的旺旺集团公司商标,都是富有吉祥色彩的名称。金利来远东有限公司的金利来原来叫金狮,因考虑到金狮有些地方的方言表达时,有"金输"的含义,这是犯忌的不吉利的名称,因而将金狮(GOLDLION)改为金利来意寓给人们带来滚滚财源。试想，这样的企业谁不喜欢，谁不乐意与之交往呢！

图 3-29　金利来商标　　　　　　　　图 3-30　旺旺集团商标

4）企业名称选择要富有时代感

富有时代感的名称具有鲜明性，符合时代潮流，并能迅速为大众所接受。如图 3-31 所示的魅族手机，"魅族"借用一个"魅"字，意在传达出品牌的自身独到定位与个性，"族"字让人联想到"族群"，很容易让魅族的消费者有一种归属感和集体感。如图 3-32 所示的安踏体育名字的来源是安心创业，踏实做人。"Anta"在希腊语中译为"大地之母"，喻指其品牌所奉行的奥运精神和产品运动性，涵盖了安踏文化、灵魂及现代体育精神。安踏品牌是用一种客观的、直接的文字，陈述着它持久不变的品牌根源，具有强烈的时代感。

图 3-31　魅族手机　　　　　　　　图 3-32　安踏体育

5）企业名称要考虑世界各地的通用性

如图 3-33 所示的可口可乐商标，可口可乐公司在 21 世纪 20 年代制定中国市场策略时，决定将该公司的名称 CoCa-CoLa 直译过取，于是翻译者将该名称发音相似的汉字进行排列组合，运用在饮料的包装上，当印有这些汉字的瓶装饮料出现在市场上时，竟极少有人问津。究其原因，原来翻译过来的汉字按字间理解是"蜡制的母马"或"紧咬蜡制品的蝌蚪"的意思。试想，有这样名称的公司生产的饮料有谁会要呢？因而可口可乐公司重新设计名称，瓶上所注明汉字则改为"口中快乐"——可口可乐。如图 3-34 所示的家乐福商标，Carrefour 是该公司的法文名称，在中文里翻译成"家乐福"其意义是取"家家快乐又幸福"的意思，而这个名称就成为该集团在大中华区的中文商标。

图 3-33　可口可乐商标　　　　　　　　图 3-34　家乐福商标

3. 企业视觉结构与传播

1）一元化视觉结构

一元化视觉结构是指企业使用统一的名称、统一的标志、统一的商标。适用于新建立好的企业或经营范围较单一的企业。集中统一的视觉结构不仅容易识别，还有利于企业的宣传及推广。英国的零售业和日本的许多企业都是一元化视觉结构统一的视觉形象，更有力的宣传战略使企业具有很高的知名度和广泛的市场。如图 3-35 所示的雅马哈公司就是属于一元化视觉结构，雅马哈集团主要分为两大类分公司，雅马哈发动机株式会社和雅马哈乐器、视听产品公司。其发动机相关产品主要有摩托车、踏板车、发动机等。乐器相关产品主要有钢琴、电子琴、管乐器、打击乐器、吉他、架子鼓、家庭音响、数码音乐产品、专业音响器材、半导体、会议系统等。所有的产品均采用统一名称和商标。如图 3-36 所示的德国西门子公司也是属于一元化视觉结构的公司。

图 3-35　雅马哈集团的商标　　　　　　图 3-36　西门子集团商标

2）商标视觉结构

一个企业当视觉结构走向多样化的时候，可以用强有力的标志来统一各关系企业，往往一个企业拥有很多子品牌或子商标。例如，适用于生产经营日用品的公司、食品公司或是服装鞋帽百货用品公司等。如图 3-37 所示的宝洁公司及旗下品牌，宝洁公司创于 1837 年，是全球最大的日用消费品公司之一。在日用化学品市场上知名度相当高，宝洁公司经营的产品包括洗发、护发、护肤用品、化妆品、婴儿护理产品、妇女卫生用品、医药、食品、饮料、织物、家居护理、个人清洁用品及电池等。其下属品牌有 20 几个，但产品的商标都是独立的。

宝洁商标　　　　　　力士　　　　　　　玉兰油　　　　　　　金霸王

图 3-37　宝洁公司及旗下的品牌

3）多元化视觉结构

这种结构常见于多种经营的股份制企业和企业集团公司，一般的有多个分公司或多个联合企业。各分支机构有自己的经营范围并以各种形式为总公司负责。企业的多元化视觉结构是以各分支机构具有独立的名称和商标为特点的，分支机构有自己的产品和市场，独立经营又以各种方式对总公司负责。所以传播复杂难以形成统一的企业形象。如图 3-38 所示的联想集团，旗下有三个独立的子公司，联想电脑公司、联想神州数码公司、联想 ThinkPad 三个公司具有独立的名称和商标，且有自己的产品和市场。

联想电脑　　　　　　　　　　神州数码　　　　　　　　　　IBM

图 3-38　联想集团

4. 企业社会公共形象

企业形象的策划是一种创造性活动，无论是创意的手段，还是创意的主题表现，都带有极强的个性。但是，从一般角度讲，企划人员对企业形象进行策划时，应从以下几个方面突出企业在社会公众心目中的形象。

1）突出环境形象

企业形象策划应突出环境形象，优美舒适的环境，会使人奋发向上，勇于进取，使企业职工产生一种对企业的热爱及为企业效尽全力的信念。

2）突出人的形象

企业形象策划应突出人的形象,企业经营的好坏与经营管理者个体形象关系极大。平庸的管理者可以使兴盛的企业走向衰落,优秀的管理者可以使濒临倒闭的企业起死回生。良好的管理者形象可以增加企业的凝聚力,提高职工的积极性。所谓企业管理者的形象是指企业中管理集团特别是最高层领导的能力、素质、魄力、气度和经营业绩给职工及企业同行、社会公众留下的印象。企业人员形象策划还应包括员工形象。所谓员工形象表现为企业员工的技术素质、文化水平、职业道德和仪表装束等。员工是企业的劳动主体,员工形象直接决定商品形象,决定企业形象。

3）突出产品形象

企业形象策划应突出产品形象。产品形象的优劣直接决定企业形象乃至整个企业的命运。产品形象可以表现在许多方面,但是,集中地讲它主要表现在产品的质量、性能、商标、造型、包装、名称等在消费者和社会公众心目中的形象。从营销实践来看,西方发达国家的企业无不重视产品形象。从产品的命名、款式的选择、色彩的搭配等方面,事先都通过大量市场调研,在广泛征求社会公众的意见后,对产品进行定位。

4）突出服务形象

企业形象策划应突出服务形象。20世纪80年代后期以来,发达国家的企业兴起了服务营销,优质服务是树立良好企业形象的保证。当今市场竞争激烈,在吸引顾客,超过同行的竞争中,服务竞争已越来越被摆在突出的地位上。

5）突出企业识别

企划人员在企业形象策划中还必须突出企业识别。换句话说,就是企划人员用市场竞争的一切设计,采取独立性和统一视觉形象,通过广告及其他媒体加以扩散,有意识地造成个性化的视觉效果,以便更好地唤起公众的注意,使企业知名度不断提高。所谓统一性就是要确定统一的标志、标准字、标准色,并将它贯穿于建筑物的设计、服装、包装等方面。识别还要讲究独立性,企业形象的塑造必须要有区别于其他行业的不同的独立个性,只有使大众能在感觉上去感受本企业以及本企业与其他企业的不同,通过企业之间有明显差异的区别,才能形成对企业特性的强烈印象。

【案例3-3】北京麦当劳的成功战略

北京麦当劳食品有限公司是由北京农工商联合总公司与美国麦当劳公司合资经营的。目前在北京有60多家麦当劳公司餐厅,其中麦当劳王府井餐厅是世界上最大的麦当劳餐厅,设有700多个座位,于1992年4月23日隆重开业。麦当劳在中国的餐厅目前都经营得非常红火,黄金双拱门"M"、巨无霸汉堡、麦当劳叔叔等标志深入人心,麦当劳小饰品到处飘洒。麦当劳之所以能一炮打响、享誉京城,一方面在于其战略位置选择在中国第一商业街王府井大街的入口,另一方面在于其深层原因——CIS 战略策划。如图 3-39 所示为麦当劳金字塔式战略策划,具体战略策划分为以下四个部分。

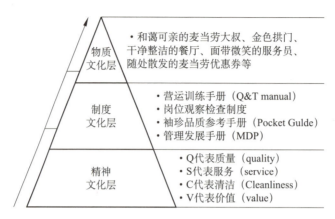

图 3-39　麦当劳金字塔式战略策划

（1）经营理念——品质（Q）、服务（S）、清洁（C）、价值（V）。

麦当劳公司创始人雷•克罗克在麦当劳创立初期,就设定了麦当劳经营的四信条,即:向顾客提供高品质的产品;快速、准确、友善的服务;清洁优雅的环境;做到物有所值。麦当劳几十年恪守"Q、S、C、V"四信念,并持之以恒地落实到每一项具体的工作和职工行为中去。如图 3-40 所示为麦当劳的产品,如图 3-41 所示为麦当劳的服务、卫生和质量检查。

图 3-40　麦当劳的产品

（2）行为规范。

为了保证麦当劳餐厅的"Q、S、C、V",麦当劳把每项工作都标准化,即"小到洗手有程序,大到管理有手册。"如图 3-42 所示为麦当劳公司的内部手册,这些手册主要有:①Q&Tmanul,即麦当劳营运训练手册。30 多年来,麦当劳系统不断丰富和完善营运训练手册,使它成为指导麦当劳系统运转的"圣经"。②SOC,即岗位工作检查表。麦当劳把餐厅服务组的工作分成 20 多个工作站,例如煎肉、烘色、调理、品管、大堂等,每个工作

图 3-41　麦当劳的服务、卫生和质量检查

站都有一套"SOC"。③Pocket Guide，即袖珍品质参考手册。麦当劳管理人员人手一册，手册中详细说明各种半成品接货温度、制作时间、原料配比、保存期等与产品品质有关的各种数据。④MDP，是麦当劳系统专门为餐厅经理设计的一套管理发展手册。MDP管理发展手册一共4册，手册采用单元式结构，循序渐进。

图 3-42　麦当劳公司内部手册

(3) 识别标志——金黄色双拱门"M"。

如图 3-43 所示为金色双拱门标志，麦当劳取其英文名称的第一个字母 M 作为其标志。标准色采用金黄色，标志采用寓意和象征图形相结合的方法，M 是公司英文名称的第一个字母，又设计成象征双扇打开的黄金双拱门，表示着欢乐与美味，象征着麦当劳凭"Q、S、C、V"这四大核心理念像磁石一般不断地把顾客吸进这座欢乐之门。

(4) 吉祥物——麦当劳叔叔。

如图 3-44 所示的"麦当劳叔叔"则是麦当劳的吉祥物，象征着吉祥和友善，象征着麦当劳叔叔永远是大家的朋友，他时刻都准备着为儿童和社区的发展贡献一分力量。

【案例点评】麦当劳的成功离不开有效的 CIS 战略，它同一化、统一化、独特的视觉化企业形象无时无刻不在向我们传递着麦当劳的品牌价值观：品质、服务、清洁、价值的创新精神，并付诸行动。无论是在环境上还是在服务或产品的附加价值上都非常注重树立

图 3-43　金色双拱门标志

图 3-44　麦当劳叔叔

自己的社会公众形象。麦当劳的这一行为向我们高度体现了无论是企业还是设计都要结合本土文化来体现以人为本的设计精神。

3.2　企业形象战略的导入

3.2.1　导入 CI 战略的基本态度

　　CI 的真正精神是在激励企业全体员工和确立经营理念、方针与策略，透过企业的行为与活动特性充分展现企业的精神、文化。同时配合整体的视觉与传达系统有效地将企业特性与经营理念形象化、视觉化。为此，一个企业要导入 CI 系统必须考虑它的适应性。

好的开始是成功的一半。对于引进 CI 的企业而言，在行动之前经营者和相关人员及广大员工要建立共识。许多 CI 战略失败的企业多半是由于经营者和推出 CI 计划的相关人员对 CI 存有不同的观念和期望所致。为此经营者和相关人员必须达成三个基本共识。

（1）CI 应该和企业技术本质产生同一性、统一性的意义，因为它与企业经营理念、企业形象的塑造具有密切的关系。

（2）CI 是一种塑造良好企业形象的战略，对于企业向外界可以树立良好的品牌形象。

（3）CI 和产品识别、品牌识别尤其和视觉设计的标准化、统一系统开发有密切的关系。

同时企业形象并不是一朝一夕就能塑造出来的，它需要长时间的积累与培育。加之每个企业的组织结构、经营观点和方针、竞争策略、行销手法都不尽相同，所引进 CI 的模式、方法自然会有所差异。因此，我们不能忽视 CI 的适应性问题。我们必须先深入了解企业最终的目标与需求再配合企业内外环境适时导入。

3.2.2　CI 战略所解决的问题

CI 战略是企业经营战略的一个重要组成部分。作为塑造形象的系统工程，围绕着企业的形象设计，CI 所能解决的问题可以大致归纳为以下几类。

1. 企业名称与企业的形象不符，通过 CI 设计使产品的品牌和企业名称达到统一。现在有些企业为了扩大自己的事业领域，需要采用 CI 重新构筑企业的经营内容，还有一些企业为了塑造自己的企业形象从品牌的角度提升企业的知名度。

2. 企业名称陈旧老化易被误解、误认，为了改变这种状况导入 CI 设计会给企业带来一种新的活力。时代是在不断发展变化着，这个阶段时髦的、流行的东西到了另一个新阶段就可能成为落后的、过时的东西。尤其是一些企业的名称和字号往往带着所处特定环境下的烙印，随着时代的变迁这些标志已经成了过去的象征，企业的那些老的经营管理方法也已经不再适用了。

3. 企业形象不好，没有凝聚力和竞争力，为了避免企业原有的不良影响，在企业形象的竞争中，为了不使自己处于被动从而导入 CI。

4. 旧企业形象成为打入新市场的障碍。由于经营者的变更和经营战线的改变，使有的企业形象成为进入新市场的一个障碍，为此企业需要重打鼓另开张，这也是从导入 CI

开始的。

5. 与其他公司合并必须重新塑造企业形象，例如：

（1）企业的形象变更。

（2）新产品的推出纪念。

（3）事业的延伸和扩展。

（4）增强企业自身的竞争能力。

（5）打入国际市场。企业在国内的成功和开始参加国际市场的竞争是导入 CI 设计难得的良机。打入国际市场不应看作是仅有几张外商的订单，有几种产品在国外长年畅销，而是一种国际化的意识。有意识地要创造国际名牌、要成为一家跨国公司的时候是最需要统一企业形象的。

3.2.3　导入 CI 战略的准备条件

导入 CI 创造企业无形资产和品牌附加值一些企业已经尝试以 CI 这一经营利器获得市场的优势。CI 是一项复杂的系统工程。CI 的重点是要创造企业个性。导入 CI 是企业意识的改革是体制的改善是设计的延续和升华。如果把 CI 仅仅局限在识别系统则是一个危险的误区。同时 CI 战略的导入并非每个企业都可行它有明确的条件限制和前提。为此企业导入 CI 战略必须做好以下工作。

1. 增强中国企业的 CI 意识

中国企业要建立自己的企业形象，必须增强企业的 CI 意识。当前 CI 导入的步履维艰，其原因有以下几种。

（1）CI 与现代市场经济发展息息相关。中国大多数主导型——国有企业体制转型刚刚开始一段时间内尚难大规模、自由进入市场还不具备 CI 要求在市场经济大潮中应运而生的中小企业上处于初期积累阶段多用广告推销产品以求更多的利润也不具有 CI 需求。中国市场经济处于起步阶段企业导入 CI 尚属少数仍须大力宣传启动。

（2）束缚于旧体制观念缺乏创造企业形象差别的 CI 意识。在计划经济体制下许多企业冠以数字编号企业形象无从谈起同时各企业的产品同一差别不大。很多产品冠以清一色的名称优秀产品创不出牌子这种旧习惯意识有待市场经济竞争冲击。

（3）束缚于国内市场缺乏国际化经营观念。企业长期处于闭锁状态难以自由进入国际市场经营。

（4）认为 CI 是解决一切问题的灵丹妙药。有些企业视 CI 为点金之笔不顾自身经营管理状况盲目导入 CI，并有意加以拔高认为只要导入 CI 便可坐享其成。事实上 CI 的导入本身就是一个长期综合积累过程，需要长期投资不断完善，并且 CI 的目标是帮助企业建立显著的易认的识别性不能代替产品开发生产管理销售服务等。况且CI的建立有着自己独特的作用范围不是所有企业都适用。

（5）CI专业人员匮乏形象设计策划公司水准不高。CI战略的实施是一项综合的系统工程除了主要依靠企业内部的力量外其策划和实施必须借助于专业的力量来配合。然而目前CI专业人员远远满足不了需求，即使已经从事CI的人员也都没有经过专业理论的系统教育，大多是从搞工艺设计、美术设计、广告策划转移过来。就目前的CI策划制作公司而言够档次的不多。因此策划出来的方案可操作性差。

2. 找寻经济发展现状与CI战略的结构特点

我国企业导入CI战略要努力创造中国模式的CI。

1）以现代经济观念统一企业整体形象战略

企业观念、目标、管理、战略等企业"灵魂"要立足于"现代市场经济与国际经贸一体化"的新观念重新塑造企业形象唯有"灵魂"与外在形象统一化CI才能成功。这里的关键在于研究与掌握现代世界经济观念渗透于企业整体形象。从而使企业组织的各方面从深层的企业理念到显层的企业标识都发生积极性的改变。在市场竞争中树立崭新的企业形象。

2）企业CI以获得社会心理的认同支持、顺应时代潮流为立足点

随着消费者生活水平和审美能力的提高人们对商品的品牌、美观更加注重。特别是世界正在走向信息社会时代人们在享受着现代文明的同时消费观念也由原来的"理性消费"转为"感性消费"，即消费者购物时注重的不仅在商品质量上，而是以自己的感觉作选择判断。企业市场营销CI设计应根据社会成熟的心理需求和价值导向作新的调整以迎合消费者的这种变化。否则的话必将被市场所淘汰。

3）企业CI以民族为导向创造世界名牌

企业CI设计的民族导向是取之不尽的源泉。对于企业在经营中树立民族特色创造世界名牌具有重大意义。因为企业形象民族文化和国际化潮流是统一的。我国在世界市场上树立企业形象创世界名牌最有效的长期战略就是汲取民族文化精神与时代的先进经营管理相结合。

3.2.4 CI战略的独特性

CI战略的独特性首先表现为CI战略具有形象性。它是以完善企业在公众心目中的形象为己任，在进行形象统一的设计时肯定要进行各种各样的调整，如更改公司名称或重新设计标志等，像这样的设计，会不会反而削弱原有的企业形象呢？这是一个很重要的问题。因此在这样的设计之前一定要进行周密细致的调查和研究，找出哪些是企业好

的形象,是应该保留和发扬光大的地方,这样,并不意味着新的 CI 设计是一种形象上的修修补补,恰恰相反,知道了自己的长处和短处以后,在新的设计中就可以更有的放矢地保持和发扬自己在形象方面的长处,同时还能保留与原有形象的某些联系性。

这就是在形象统一的设计中调整的可行性和必要性。这种调整包括了视觉和非视觉两个方面。

【案例 3-4】"蓝岛"的崛起

北京蓝岛大厦,自 1993 年 1 月 18 日正式营业以来,在短短两年多的时间里,运用 CI 战略,在社会公众中树立了良好的企业形象,无论是社会效益还是经济效益,都取得了很大的成绩。经济效益方面,大厦从刚开业的日均销售 90 万元,直至日均销售 200 多万元,最高达 451 万元。至 1994 年 1 月 18 日开业一周年时,全年销售额达到了 5.8 亿元,跃居京城十大商城第六位。社会效益方面,蓝岛获得了较高的知名度和美誉度,受到了各级领导和社会各界的广泛赞誉,如图 3-45 所示的北京蓝岛大厦成为首都人民所喜爱的购物中心之一。

图 3-45 北京蓝岛大厦

【案例解析】

1. 导入 CI 的背景

1993 年是我国社会主义市场经济迅速发展的一年,也是邓小平同志"南行讲话"之后企业大胆开拓进取的一年。

从客观经济形式看,社会主义市场经济迅速发展,商业从传统的计划经济体制逐步走上了市场经济的正确轨道,并由卖方市场转变为买方市场,谁能将消费者吸引过来,谁就会兴旺,如图 3-46 所示为众多市民在蓝岛购物。

从北京市商业的发展情况来看,百货大楼、西单商场等老字号市场,依然雄风不减。亚运会以后,北京的商业发展迅速。随着西单购物中心、长安商场、赛特等一批新型商场的开业,给北京市的消费者带来了耳目一新的感觉,使北京商业在观念上有了进一步的更新。现代化的商业要在经营布局、指导思想以及购物环境、服务方面都要有一个变化,要向国际水平靠拢。

从自身条件看,蓝岛大厦属于区属企业,在强手如林的情况下,存在许多不利的因素。从地理位置看,朝外大街没有形成商业群体网络,还属于二类商业区,与王府井大街、西单地区等老商业区相比还有差距,在竞争上处于相当大的劣势。从自身人员来看,蓝岛大厦有2/3的职工没有商业经验,另外1/3的职工过去多在小商店工作,缺乏干大商场的经验,与一些新型商场相比,人员状态不容乐观。另外,蓝岛大厦北有燕莎,南有贵友、赛特、友谊,西有隆福,东有鑫帝大厦,使蓝岛的未来发展面临着严峻的考验。

但是,朝阳区的领导和人民十分关心蓝岛,寄希望于蓝岛。蓝岛的建成开业,凝聚着朝阳区人民的厚望。

面对着挑战和期盼,蓝岛大厦的决策者在开业之前就已经在考虑如何在市场竞争中站住脚,如何能够取胜。经过多次研究,蓝岛人形成一种共识,那就是企业的发展取决于能否独树一帜,能否搞出自身特色,不能走别人走过的路。在这一大思路的前提下,蓝岛大厦聘请了一些商业系统有丰富经验的退休领导组成顾问团,为蓝岛出谋划策;同时,又聘请了大专院校的专家、学者为蓝岛的经营战略提供咨询。在大家的共同努力下,蓝岛大厦决定导入CI,运用CI战略,塑造蓝岛形象,以良好的形象在竞争中取胜。如图3-47所示为当时推出的一种新型理财友情卡。

图3-46 蓝岛购物的市民

图3-47 蓝岛友情卡

2. 树立形象

蓝岛大厦引入CI战略,确定以蓝色为基本色调,形成了店徽、店旗、店服、包装用品等统一的企业视觉识别系统。如图3-48所示为蓝岛大厦的标志。

蓝岛大厦导入CI的第一步体现在蓝岛大厦的名字上。"蓝岛大厦"的名字,不仅朗朗上口,还充满了文化气息,体现了鲜明的时代色彩。"蓝岛"的含义非常深远:蓝岛是一个不规则的多边形,酷似一座岛屿,外覆蓝色玻璃幕墙,具有海水般的颜色,"蓝岛"之名

图 3-48　蓝岛大厦的标志

自然而生;蓝色象征蓝岛人宽广的胸怀,象征着蓝岛员工给予消费者满意的商品和温馨的服务;海中之岛,蕴藏着无尽的宝藏,预示着蓝岛永远繁荣富强。

蓝岛的店徽、工装和各种办公用品、运输车辆等都有蓝岛的标识,即蓝白相间的徽标。同时还把它引申到商品布局中,商品布局主色调店徽淡雅,以蓝白相间为主。

蓝岛还设计了带有文化氛围的环境及布局名称。当顾客进入蓝岛,首先感受到的就是生活情趣、文化修养、休闲娱乐为一体的享受空间。在一楼设有总服务台,大型电子屏幕交换着温情的问候和带有商业文化色彩的导向性商品介绍。售货员身着蓝色制服,整洁淡雅,话语言谈充满了文化味和人情味,被孩子们亲切地称作"蓝精灵"。无论是大厦的整体布局,还是各商品部的布局设计,都弥漫着浓烈的文化气息,供消费者品味。

CI 的导入与实施,树立了鲜明的"蓝岛形象"。

3."蓝岛之魂"

蓝岛大厦在开业之初,就确定了"蓝岛"的经营目标,即"立足朝阳,面向首都,辐射全国,走向国际"。立足朝阳区是基本的,这是由蓝岛大厦所处的位置决定的。然后要面向首都,服务于首都千百万消费者,进而辐射全国,最终要走向世界,向实业化、集团化、国际化迈进。

为了达到这一目标,蓝岛大厦从经理到每一名职工,都会毫无愧色地说自己尽了最大努力。开业前夕,蓝岛人自己动手消除了上百吨建筑垃圾,将近千吨货物扛进 6 楼库房,而这些工作没有丝毫报酬。

这些靠的是什么?蓝岛职工说得好:"人总是要有一点儿精神的!"蓝岛大厦的领导班子在开始就建立了正确的经营思想,形成了以情意精神为核心的一整套现代经营理念。

企业精神:亲和一致,奋力进取。

价值观念:在为事业奋进的过程中最大限度地实现自我价值。

企业宗旨:发掘人的进取意识,满足人的成就感。

企业风气:对企业有贡献的人将受到尊重,损害企业的人将受到谴责。

企业经营方针:商品以质取胜,经营以特取胜,环境以雅取胜,服务以情取胜,购物以便取胜,功能以全取胜。

员工信念:在出色的企业里工作光荣。

行为取向:企业的需要就是我们的志愿。

服务准则:微笑,真诚,迅速。

开业伊始,蓝岛人就创办了《蓝岛商报》,每期均有一篇主要文章诠释蓝岛的经营策略,均有全体员工奋斗的佳绩和战果。《蓝岛商报》不仅是联结上下左右的纽带,还是蓝岛大厦职工的行为导向。蓝岛人还创作了店歌——《给世界的爱》及10首蓝岛之歌,如《每次当我从蓝岛走过》《蓝岛情》《要购物你就到蓝岛》《相聚在蓝岛》等。商报和店歌也使每个蓝岛人的心灵紧紧相连,融为一体,形成了充满文化气息的企业环境。

4."蓝岛之情"

市场竞争是无情的,然而决定市场购买力的广大消费者是有情的,蓝岛人运用CI战略中的BI,即企业行为识别系统,开展了一系列的情意服务。

(1) 礼仪小姐送温情。

(2) 热心周到见真情。

(3) 敬老相助似亲情。

(4) 蓝岛之友联谊会。

(5) 百名厂长、专家、名人站柜台。

(6) "蓝岛之邻"联谊活动。

(7) 蓝岛挚友联系活动。

(8) 吸引顾客参与征文和摄影比赛。

【案例3-5】敦煌大厦Logo

敦煌大厦Logo如图3-49所示。

图3-49 敦煌大厦Logo

点评：通过图形使敦煌莫高窟的形象在南方城市经济特区珠海市有了更高的美誉度，也提高了敦煌在中国大地的知名度。

复习思考题

1. 通过前三章我们都知道，企业文化影响着企业的形象策划，然而，影响具有相互性，试分析，企业形象的策划与导入对企业文化建设的影响，联系世界经济的发展讨论企业形象策划与市场营销的联系。

2. 虚拟一个有机农业产品品牌，进行品牌定位、品牌命名，并提炼企业理念，用平面设计语言表达品牌诉求。

【案例 3-6】C-Tofu 蔬果豆腐（见图 3-50）

C 代表 Colorful，多彩的颜色，一样的健康。

TO-FU 代表最原汁原味的豆腐，是注重营养价值，混合蔬果的新一代豆腐。To-Fu 是以追求健康的各类人群为目标的中端食品。

面对严峻的食品安全形势，生产让消费者放心的食品，让绿色食品走进每家每户。

图 3-50　C-Tofu 蔬果豆腐

【案例 3-7】HI,Tea！创意绿茶（见图 3-51）

创出手绘的潮流，喝出独特的韵味，享受健康的生活，留住美丽的心情！

图 3-51　HI,Tea！创意绿茶

第 4 章

CIS 系统开发和作业程序

一个企业完整的 CIS 系统开发由 MI(理念识别)、BI(行为识别)、VI(视觉识别)三方面组成。其中核心是 MI,它是整个 CI 的最高决策层,并通过 BI 与 VI 表达出来。三者共同构成企业对外形象展示、推广的基础。CIS 系统开发的作业程序,大体上可以分为三个阶段:企业实态调查阶段、设计开发阶段、实施管理阶段。这里要强调的设计开发阶段主要是对企业形象设计视觉识别系统部分(VI)的开发与设计,最关键的就是企业的标志设计与整体规范,也即 VI 基础系统的开发与设计。这一步关系到整套企业形象品牌策划设计的成功与失败,有了整体基础系统的开发与设计,整套 VI 应用系统部分就一目了然,应用系统的开发是整体企业标志图形符号在日常生活中方方面面运用与推广的展示与规范。通过规范使整体企业理念和文化有了比较统一的形象展示。

学习目标

1. 掌握企业的 CIS 系统开发以及 VI 的展示形式
2. 掌握 VI 手册的设计与制作
3. 树立 CIS 系统从开发到应用设计的整体观念

进行 CI 计划作业之前,应先从企业内部与外部两个方面对企业的实态进行调查工作,以获取必要的客观资料并形成 VI 手册具体的独立文案页面。

4.1 企业实态调查阶段

4.1.1 企业内部的调查与了解

CIS 是属于企业全体员工的计划,因此离不开各部门负责人与全体职工的积极参与。企业内部的调查与了解主要在于企业最高负责人及高层人员的沟通,对企业的经营状况、内部的组织、营销的方向、企业经营理念、产品开发策略、员工素质、现有 CI 等正负面问题逐一进行深入检讨、研究、分析、整理,作为开发设计正确的导向,从中设定出企业经营的理想定位。

其中对企业现有 CI 系统要加以认真研讨,对其各方面的问题进行重新评价,作为开发新的 CI 体系设计系统的参考依据。

调查作业重点内容之一就是:对内部员工的研讨。他们对内部作业环境、福利待遇、管理体制、作业流程等方面有什么反映与看法,因为员工对企业的忠诚度、归属感、向心力等意识情况的好坏,会直接影响企业经营的成败。

4.1.2 企业外部环境的调查分析

要对有关消费市场与特定对象进行分析研究,首先要了解消费者对企业现有的产品与服务具有何种程度的企业形象。

市场形象：是否认真考虑消费者的问题、对消费者服务很周到、销售网络相当完整、竞争力强、善于广告宣传等。

技术形象：是否技术优良、研究开发力旺盛，对新产品开发很热心等。

未来性形象：是否合乎时代潮流、具有现代感、积极进取、不断革新等。

外观形象：是否具有信赖感、稳定性、传统性、企业规模大等。

经营者形象：经营者是否优秀，希望购买该公司股票，希望子女在该公司任职等。

除了对消费者进行调查外，还需要对代理商与经销商进行调查，再依市场需求与未来走向设定相应的战略，其中需要研究竞争企业的经营战略与形象定位，采取相应的措施，创造有利的经营环境。

对企业内外部情况调查完成后，应拟出具体的建议方案，交由企业高层负责人认可。

4.2 设计开发阶段（企业标志设计与基础规范）

经过对企业形象前期的市场调查阶段后，我们对企业的文化等无形的东西有了全面的理解，对下面进行企业形象的整体设计打下了良好的基础。我们从企业形象的基础做起逐一展开，首先就是标志的设计和基础元素的规范与操作。下面以保利地产有限公司VI设计的案例（见图4-1）来进行逐步展开和研究。

案例：保利地产有限公司 VI 设计

这一阶段的任务是将第一阶段所设定的识别理念，转换成系统的视觉传达形式，以具体表现企业精神，可分为3个步骤。

(1) 将识别性的抽象概念转化成象征性的视觉要素。

(2) 开发基本要素，以奠定CI整体传播系统的基础。

(3) 以基本设计要素为基础，展开应用设计要素的开发作业。

这一阶段艰巨的任务在于标志、标准字、标准色的创造，需要设计尽可能多的方案，甚至还要绘制草稿，反复研讨、试作、修正直至定案，以找到最佳的符合企业实态与代表企业精神的符号体系。定案的方案加以精致化作业处理后，才可进行完整的企业形象应用体系的开发作业。

（a）标志完整展示　　　　　　（b）标志尺寸比例规范

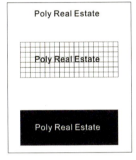
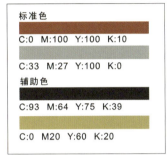

（c）标准中文文字规范　　（d）标准英文文字规范　　（e）标准颜色规范

图 4-1　保利地产有限公司 VI 展示——基础要素设计（陈柳婷作品）

点评：标准图形和标准字之间的间隔有点小。标准字设计感不够，整体标志创意思路较好。标准字的大小和书写在企业形象设计中必须进行规范设计。标注尺寸很重要，但本作品没有标注，标准字设计感不够，不能为了节省时间追求效率而直接用电脑里面的字体。

4.3　实施管理阶段（企业完整的形象系统规范及 CIS 手册）

设计系统开发完成后，即进入全面导入实施 CI 的阶段。需由最高经营管理层至基层员工来全面贯彻，内部统一后，方能对外进行传播。

CI 导入之初，规模较大的企业应在企业内部设立 CI 委员会，负责规划、执行、管理 CI 的运作，并确定实施 CI 进度、品质、成本的核对与检查。甚至还要聘用负担识别计划开发的设计顾问公司为企业顾问，从事日常执行情况的处理，协助企业全面推行 CI 并监督长期实施的效果。

4.3.1　企业CIS手册

CI手册是一本阐述企业CI战略基本观点与具体作业基准的规则指导书,是CI整体内容的导向,能确保CI运作作业的水准,企业可以参照手册中的规则来检查自己的管理体系,可以说CI手册是企业极重要的智慧资产。

制定CI手册的目的在于统一整体的企业形象,贯彻设计表现的精神,将企业情报传达的每个设计要素以简明正确的图解来说明CI计划的意图与概念,以及整体设计体系,作为所有设计的最高规则。

这一部分就相当于整个CIS系统中的VI(视觉识别)部分。下面以武汉纺织大学整套VI设计为例进行分析研究。CI手册的编制根据情况的不同,内容有所差异,但至少有以下四方面的内容。

1. 总论部分

(1) 序言或者卷首语或者导言(或董事长、总经理的致辞)。
(2) 企业经营的理念与发展规划展望。
(3) 导入CI的目的。
(4) CI手册的使用方法。

这一部分内容一般要单独成页,相当于对开发整套CI设计的总体构想,因此可以是序言也可以是总论,或者企业老总的致辞都可以,如图4-2所示(武汉纺织大学VI设计——导言)。

为了看清楚导言内容,特予以下面具体说明。

导　言

为了塑造学校文化形象,提升学校文化品位,打造学校文化品牌,发挥校园文化标识潜移默化的育人功能,进一步增强全校师生员工对学校的归属感和认同感,提升学校的文化软实力,武汉纺织大学启动了视觉识别系统设计项目。自2009年以来,学校视觉识别系统建设项目通过总体策划、制定方案、专家研讨、征求意见和组织实施,群策群力,集思广益,制作了《武汉纺织大学视觉识别系统手册》(以下简称《手册》)。

武汉纺织大学形象识别系统是以提炼大学精神、塑造学校形象为核心,在总结学校的发展文脉,深入挖掘学校的历史积淀,提炼学校的内在精神和办学理念的基础上,把学校精神与文化底蕴形象化、系统化,把社会对学校的认知和学校自身的意识结合起来,把历史积淀自发形成的精神品质经过挖掘、提炼、培育和塑造,形成学校独特的品牌形象。

武汉纺织大学校园文化建设办公室为学校形象识别系统实施、推广工作的专门组织机

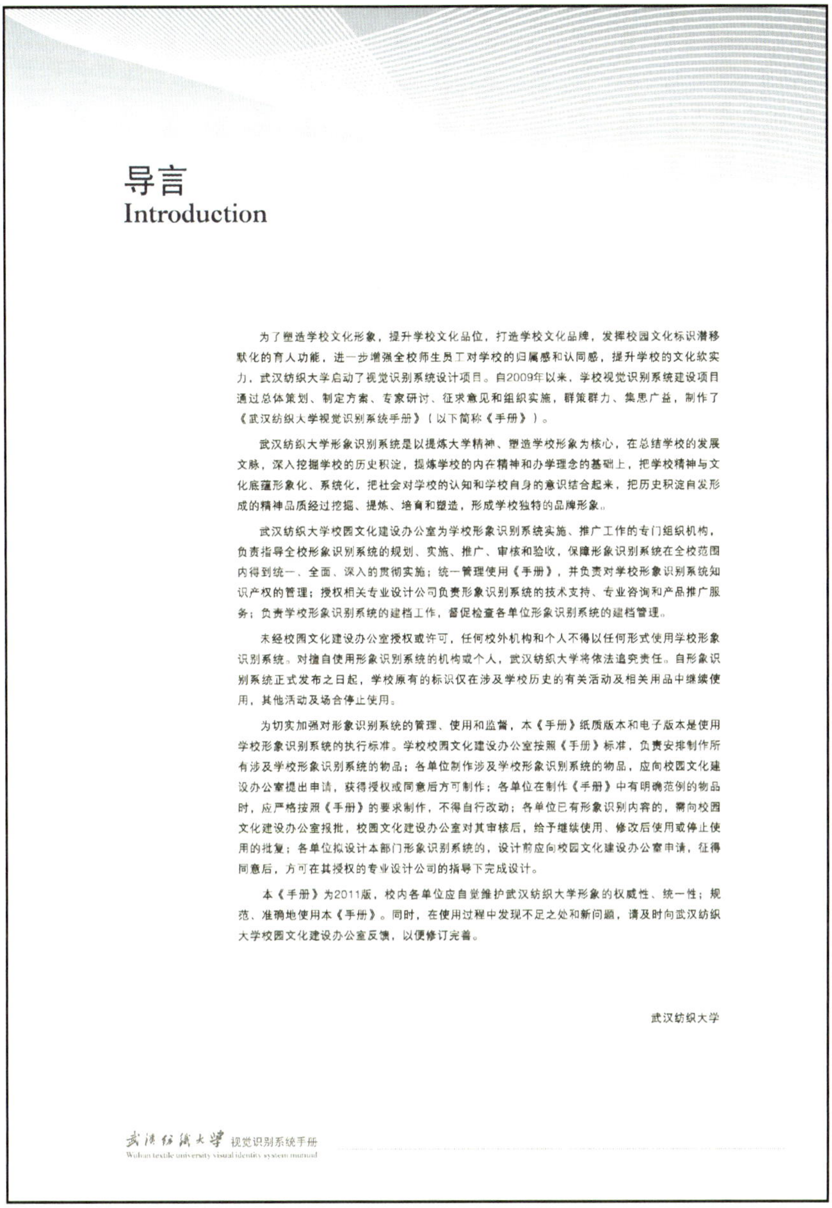

图 4-2　武汉纺织大学 VI——导言

注：本案例选自武汉纺织大学视觉识别系统设计

构，负责指导全校形象识别系统的规划、实施、推广、审核和验收，保障形象识别系统在全校范围内得到统一、全面、深入的贯彻实施；统一管理使用《手册》，并负责对学校形象识别系统知识产权的管理；授权相关专业设计公司负责形象识别系统的技术支持、专业咨询和产品推广服务；负责学校形象识别系统的建档工作，督促检查各单位形象识别系统的建档管理。

未经校园文化建设办公室授权或许可，任何校外机构和个人不得以任何形式使用学校形象识别系统。对擅自使用形象识别系统的机构或个人，武汉纺织大学将依法追究责任。自形象识别系统正式发布之日起，学校原有的标识仅在涉及学校历史的有关活动及相关用品中继续使用，其他活动及场合停止使用。

  为切实加强对形象识别系统的管理、使用和监督，本《手册》纸质版本和电子版本是使用学校形象识别系统的执行标准。学校校园文化建设办公室按照《手册》标准，负责安排制作所有涉及学校形象识别系统的物品；各单位制作涉及学校形象识别系统的物品，应向校园文化建设办公室提出申请，获得授权或同意后方可制作；各单位在制作《手册》中有明确范例的物品时，应严格按照《手册》的要求制作，不得自行改动；各单位已有形象识别内容的，需向校园文化建设办公室报批，校园文化建设办公室对其审核后，给予继续使用、修改后使用或停止使用的批复；各单位拟设计本部门形象识别系统的，设计前应向校园文化建设办公室申请，征得同意后，方可在其授权的专业设计公司的指导下完成设计。

  本《手册》为2011版，校内各单位应自觉维护武汉纺织大学形象的权威性、统一性；规范、准确地使用本《手册》。同时，在使用过程中发现不足之处和新问题，请及时向武汉纺织大学校园文化建设办公室反馈，以便修订完善。

武汉纺织大学

2. 基本要素

（1）标志、标准字、标准色。

（2）标志、标准字、标准色的变体设计。

（3）标志、标准字、标准色的制图法与标准色。

（4）附属基本要素。

  这一部分内容要求从企业标志入手，从创意到制作，严格要求作品的整体与细节。细节的考虑关系到整套VI设计的成功与否，要做好基础性工作，武汉纺织大学VI设计——标志设计如图4-3所示。

标志释义：

  标志以汉字"纺"字的左偏旁部首结合六边形同构组成。这个偏旁部首为涉及纺织主题的相关文字的重要组成部分（如纺织材料"丝、纱、线"等；技术"纺、织"等）。作为标志的主体，其涵盖面广，具有典型的代表意义。偏旁造型以书法隶书体变形并结合现代笔画而来。传统与现代的融合，融古创今，展现了学校的严谨治学态度和面向未来的创新精神。

图4-3 武汉纺织大学标志设计

六边形犹如转动中的纺锥造型,凸显纺织主题;同时又与铅笔造型不谋而合,准确传达了学校是读书学习之地的理念。造型的立体感,象征学校发展的多元化、国际化和学科的多样化。

蓝色深邃理性,象征博大与包容,睿智与严谨。

整体标志造型简洁庄重,寓意明确,容易识别,准确体现了武汉纺织大学的文化和个性。

点评:从图中可以看出该标志总体设计创意性很强,标志图形标准,正负形运用比较规整,给学生的学习提供了很好的示范。

为了更好地展示武汉纺织大学整体的形象,学校视觉识别系统设计中基础系统的开发就显得尤其重要,尤其是要素部分标志的规范设计格外重要,如图4-4至图4-12所示(武汉纺织大学VI设计——标志的规范设计部分)。

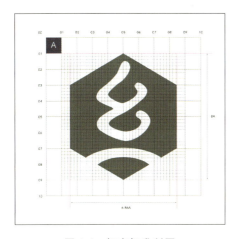

图4-4 标志标准制图

图4-5 标志阴阳图样

图4-6 标志最小使用尺寸限制和不可侵入范围

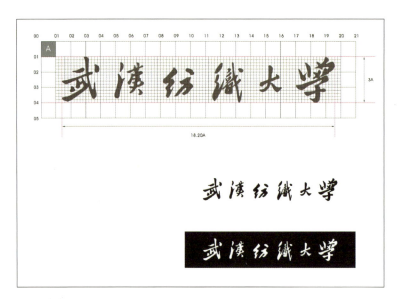

图 4-7　标志标准字中文规范方格制图（横式）

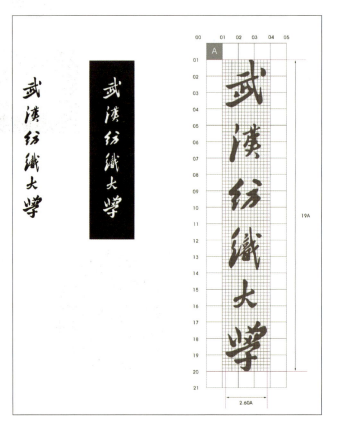

图 4-8　标志标准中文字比例方格制图（竖式）

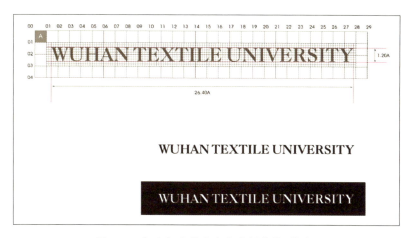

图 4-9　标志标准英文文字比例落格（横式）

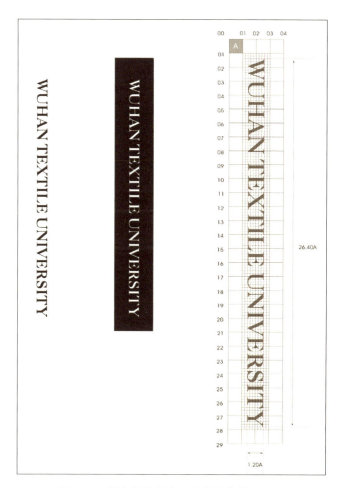

图 4-10　标志标准英文文字比例落格（竖式）

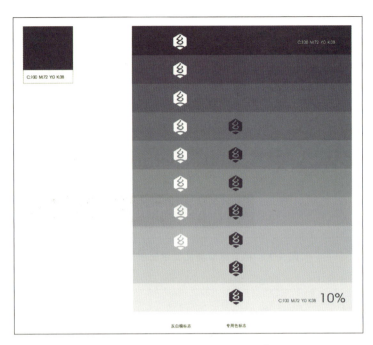

图 4-11　标志专用色彩适用规范

图 4-12　标志色彩错误应用示例

注：本案例选自武汉纺织大学视觉识别系统设计

点评：从图中可以看到该案例整体设计很好地做到了企业形象设计应该具备的创意统一性和规范性，比较规整，给学生的学习提供了很好的示范。学生容易出现的失误在案例中都提供了比较完整的规范，欣赏性比较强。

提示：

在以上整体基础要素中，读者要特别重视企业的标准图形和标准字的设计与规范，要下功夫做好这个环节的创意。

3. 基本要素组合系统

（1）基本要素组合规范。

（2）基本要素组合系统的变体设计。

（3）禁止组合的范例。

完成了基础要素的规范还不够，还需要对标志设计图形和中英文的组合形式也进行严格的组合规范，这些都是为了更加规范地展示武汉纺织大学的整体形象，武汉纺织大学 VI 设计——基础要素组合如图 4-13 至图 4-15 所示。

图 4-13　标志与中英文全称组合横式 A

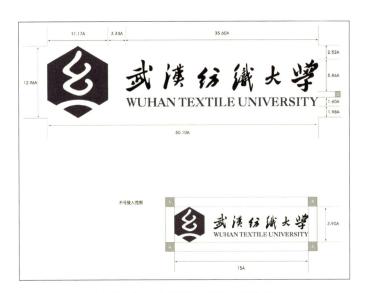

图 4-14　标志与中英文全称组合横式 B

图 4-15　标志与中英文全称组合竖式

注：本案例选自武汉纺织大学视觉识别系统设计

点评：图 4-13 至图 4-15 整体的组合规范很好地展示了学校的对外形象，中英文和学校标志组合时都有严格的尺寸规范，为将来的对外传播提供了使用形式的便利，给学生们的学习提供了很好的范例。

小贴士

在设计中,这一步特别重视图文组合的规范与标准色的研究,另外就是手册的整体排版。因此,应该积极发挥学生的个性,使他们在接触设计的瞬间,碰撞出灵感的火花,引发潜在的思维,产生新的画册排版形式感,把整体企业形象的基础应用元素充分地展示与规范出来,以便举一反三推广到其他案例设计中,学以致用很重要,细节很重要,提供给大家的案例仅供参考。

4. 应用要素

(1) 办公系统(信封、信笺、文件夹等)。

(2) 环境系统(建筑物外观、营业环境等)。

(3) 标识系统(路标指示、招牌等)。

(4) 服饰系统(员工服装及饰物等)。

(5) 运输系统(业务用车、手推车等)。

(6) 包装系统(产品外观、大小包装)。

(7) 广告系统(各种广告媒体设计)。

完成了整套VI设计的基础要素系统的设计,基本上企业形象设计就算完成一大半的工作量,剩下就是应用系统部分的设计与规范。这一部分重在基础要素的实际应用和传播展示,包括室内外应用展示,很多形式可以结合实际生活来研究,和基础系统共同构成完整的VI设计,以VI画册的形式展示给客户,也是非常重要的。武汉纺织大学VI设计——应用要素如图4-16至图4-23所示。

图4-16 办公用品——文件夹

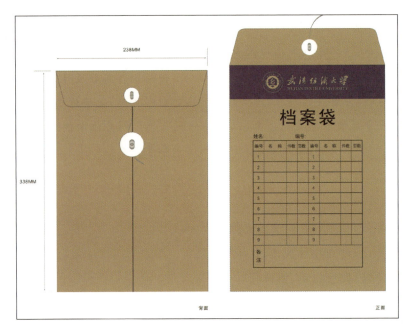

图 4-17　办公用品——档案袋

图 4-18　办公环境——办公楼内部

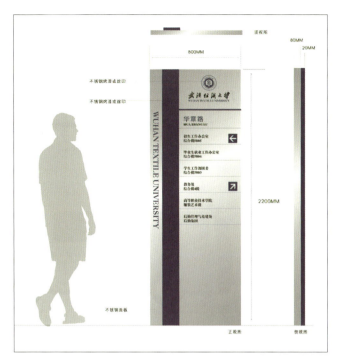

图 4-19 道路指示牌

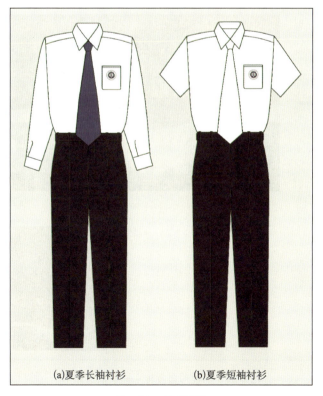

(a) 夏季长袖衬衫　　　　(b) 夏季短袖衬衫

图 4-20 员工服饰

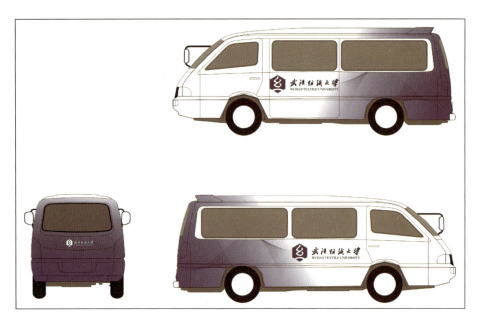

图 4-21 学校用车

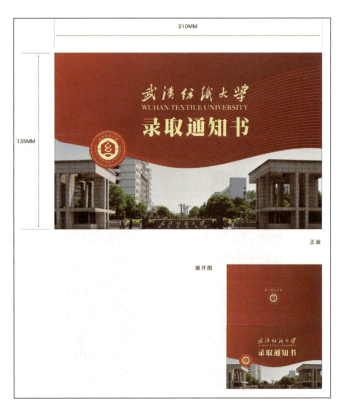

图 4-22 学校形象宣传——录取通知书

图 4-23　员工使用或者礼品（商品包装）

注：本案例选自武汉纺织大学视觉识别系统设计

点评：图中整体的应用实例规范很好地展示了学校的传播形象，体现了学校中英文标志组合要素在实际生活中的广泛传播，但要注意的是在做这一部分设计时，要像图示中的规范一样，注意下细节的设计，如对材料的使用讲究等，这些也很重要，关系到整体视觉传播效果的展示，整体来说设计效果还不错，为对外视觉传播提供了很大的便利，给学生们的学习提供了很好的范例。

通过以上四方面内容分析研究，基本上整个学校的 VI 设计开发建设就算基本完毕，读者可以最后整体排版成 VI 画册的形式并打印、印刷出来展示给我们面对的客户，以满足市场消费者的需求。整体企业形象设计的学习需要很多其他学科知识的支撑，例如，图形创意和版式设计等，希望读者在平时学习中多积累基础性的知识，通过以上 VI 的设计实例，读者应基本摸清一个企业的 VI 设计到底需要做些什么，企业的完整 CIS 系统开发到底是怎么完成的，一个完整的企业形象设计到底需要我们完成什么。本章的学习，读者应该有一个清晰的思路。VI 的设计开发可以更好地体现和把握企业 CIS 系统的完整内容，更好地服务企业的战略规划与未来的发展，促进企业的可持续发展。

注意：

读者在学习本部分内容的时候，要特别小心每张作品中对规范尺寸的标注和材料运用规范的讲究,结合实际生活灵活对待,关键还是要迎合设计客户的口味来考虑问题。

4.4 企业形象设计经典案例欣赏

通过前面内容的学习,读者对完整的企业形象设计表现形式和内容应该有一个清晰的思路,为了更好地学习本章内容,下面提供一些其他企业形象设计的成功案例,读者可以借助这些案例,进一步理解教材中企业形象设计的相关知识。

案例:中国电信

如图4-24所示为中国电信的企业标志。

图4-24　企业标志

标志释义:

新的中国电信企业标识整体造型质朴简约,线条流畅,富有动感。以中国电信的首写字母C的趋势线进行变化组合,好像张开的双臂,又像充满活力的牛头和展翅飞翔的和平鸽,具有强烈的时代感和视觉冲击力。传递出中国电信的自信和热情,也象征四通八达、畅通、高效的中国电信网络连接着每一个角落,服务更多的用户。体现中国电信"用户至上,用心服务"的服务理念。体现了与用户手牵手、心连心的美好情感。同时也暗含中国电信不断创新,求真务实,不断超越的精神风貌。充分展现中国电信与时俱进、奋发向上,致力于创造美好生活的良好愿景。标志以代表高科技的、创新进步的蓝色为主色调,文字采用书法体,显得有生命力、感染力和亲和力。与国际接轨,使古典与现代融为一体,传统与现代交相辉映。

1. 企业标准色阶

企业标准色阶如图 4-25 所示。

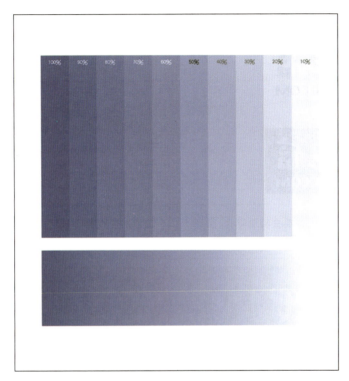

图 4-25　企业标准色阶

为了使公司形象整体统一,考虑到标准色与主要辅助色在实际使用过程中的特殊(渐变)表现形式,特制定以下标准色阶规范。在实际运用过程中要严格按照要求规范执行,以免造成视觉错乱。

为确保标准色在不同材料印刷中的色彩相同,特规定几种常见印刷纸张的印刷输出精度:

铜版纸张印刷　175dpi;胶版纸张国产印刷:133dpi

新闻纸张印刷　100dpi;胶版纸张进口印刷:150dpi

2. 企业标准字与企业标准色搭配

为了适应不同环境和场地的要求,突出企业标志,特规定以下色彩搭配专用表(见图 4-26 至图 4-28)。

图 4-26　企业标准字：中英文简称样式（横式）

图 4-27　企业标准字：中英文简称样式（竖式）

图 4-28　企业标准色搭配

3. 企业大门外观标志名称

企业大门外观标志名称如图 4-29 所示。

规格：根据实际需要而定；

材质：大理石；

制作工艺：不锈钢立体切割。

图 4-29　企业大门外观标志名称

4. 宣传展板接待台

宣传展板接待台如图 4-30 所示。

材质：背板选用实体面板，墙体应有适中的厚度，外包标准色的防火板。标志标准字采用 pvc 材料整体雕刻制作，或者金属立体切割烤漆，实体面板采用顶部外打光。前台基座以不锈钢板材外包。台面基座以多个不锈钢柱空隔连接。

规格：按实际比例缩放标志，按规定比例缩放。

色彩：按规定标准色，辅助色应用。

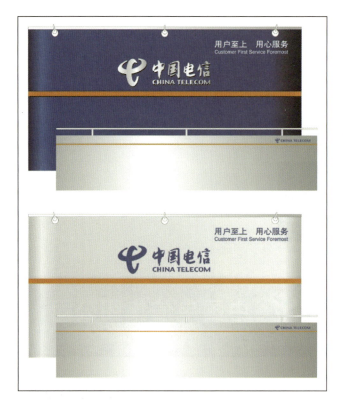

图 4-30　宣传展板接待台

注：本案例选自中国电信视觉识别系统设计

案例：汉阴城市形象设计（见图 4-31 和图 4-32）

图 4-31　汉阴标志设计

图 4-32　汉阴标志墙体展示

形象标志说明：

　　形象主要来源于汉阴当地的"三山夹两川"以及当地最大的一座山"凤凰山"地形来完成，原创手稿最初由周昆乔来创意和绘制，后经万达国际企业服务中心深加工设计完成，可以广泛运用在城市的各种场合，可以平面也可以立体展示。现在该标志已经采用。

注：本案例选自珠海市万达国际企业服务中心和广东科学技术职业学院产学研合作项目——汉阴城市品牌设计，参与设计者：周昆乔

案例：福建科技馆标识形象设计（见图4-33和图4-34）

图4-33　福建科技馆标志

图4-34　福建科技馆标志应用

形象标志说明：

形象主要来源于福建科技馆建筑的外观造型和宇宙的星云图形，表达科技的浩瀚与

神秘,该标志广泛运用在城市的各种场合和空间载体,可平面也可以立体展示,便于日常识别。

注:本案例选自福建科技馆标志招投标项目,设计者:周昆乔

提示:

在案例中,读者应多注意每个作品的材质运用、尺寸规定和色彩的讲究对我们进行其他相关设计的影响。鉴于篇幅限制,前面的作品做了大篇幅的详细介绍和分析,后面的案例则不再做细节分析,仅供参考欣赏学习。

本章小结

本章主要介绍一个企业的CIS系统是如何导入的,以及在导入系统的过程中,全面学习什么是完整的企业形象设计。希望读者在学习过程中打好标志设计的基础,然后注重全面了解企业的经营理念和文化背景,循序渐进、逐步掌握本章节的学习内容。

第 5 章
视觉识别 VI 的设计开发

如今,名牌产品的营销策划与具体的品牌形象推广,已成为势不可挡的消费潮流,企业品牌是企业营销的神话,如何让一个企业的形象像原子核裂变一样深入人心,VI 设计作为 CI 系统中的视觉表现,是树立企业品牌形象的直通车。

本章主要从 VI 的两大构成要素来解析 VI 的设计准则及方法,使读者具备主持和独立完成 VI 系统设计创作的能力。

学习目标

1. 掌握 VI 系统的基础设计
2. 掌握 VI 系统的应用设计
3. 学会制作有效的 VI 手册

任何一个企业想进行宣传并传播给社会大众，从而塑造可视的企业形象，都需要依赖传播系统，传播的成效大小完全依赖于在传播系统模式中的符号系统的设计能否被社会大众的辨认与接受，并给社会大众留下深刻的印象。

5.1 视觉识别 VI 的构成要素

视觉识别（Visual Identity，VI）是 CIS 系统中最具传播力和具体的层面。VI 是一个严密而完整的符号系统，它的特点在于展示清晰的"视觉力"结构，从而准确地传达独特的企业形象，通过差异性面貌的展现，从而达成企业认识、识别的目的。

视觉识别系统 VI 中包括标志、标准字、标准色、象征图案、企业造型、版面编排模式等基本要素系统及展开应用的应用系统两个部分。

5.1.1 视觉识别基本系统设计要素

1. 企业标识

企业标识是通过造型简单、意义明确的统一标准的视觉符号，将经营理念、企业文化、经营内容、企业规模、产品特性等要素，传递给社会公众，使之识别和认同企业的图案和文字。企业标识是视觉形象的核心，它构成企业形象的基本特征，体现企业内在素质。企业标识不仅是调动所有视觉要素的主导力量，也是整合所有视觉要素的中心，更是社会大众认同企业品牌的代表。因此，企业标识设计，在整个视觉识别系统设计中，具有重要的意义。

企业释意属于企业文化的范畴，一般包括标志形态描述、图形要素的构成和寓意。

下面就以上海世博会会徽为例进行企业标识解析说明，如图 5-1 所示。

案例分析 1

点评：上海世博会会徽图案形似汉字"世"，并与数字"2010"巧妙组合，相得益彰，表达了中国人民举办一届属于世界的、多元文化融合的博览盛会的强烈愿望。

会徽图案从形象上看犹如一个三口之家相拥而乐，表现了家庭的和睦。在广义上又可代表包含了"你、我、他"的全人类，表达了世博会"理解、沟通、欢聚、合作"的理念。

图 5-1 上海世博会会徽

会徽以绿色为主色调，富有生命活力，增添了向上、升腾、明快的动感和意蕴，抒发了中国人民面向未来，追求可持续发展的创造激情。

上海世博会会徽形似汉字"世"，在中文里可理解成"世界"，也有"世博会"的含义。"世"与数字"2010"以及英文书写的"EXPO"、"SHANGHAI CHINA"巧妙组合，表现出强烈的中西合璧、多元文化和谐融合的意境，绿色的基调富有生命活力和创造激情。

案例分析 2

如图 5-2 至图 5-5 所示为广东美协 50 周年的会徽设计、珠海城市标志、大福酒店标志、百通软件标志的设计。

图 5-2 广东美协 50 周年

图 5-3　珠海城市标志（学生黄婉作品）

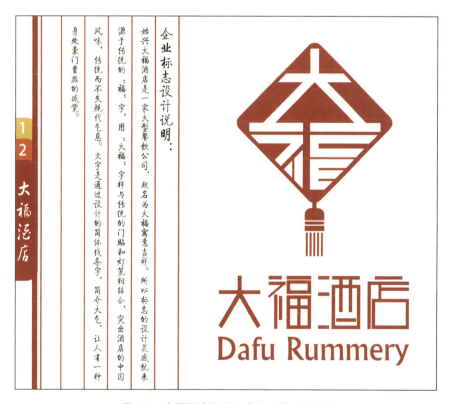

图 5-4　大福酒店标志（学生林佳强作品）

图 5-5 百通软件标志（学生杜博作品）

点评：以上标志都是以高度概括的图形通过象征的手法表达了企业准确的含义。

企业标志的设计除了标志释意外还包括：标志黑白稿、标志反白效果稿、标志标准化制图、标志方格坐标制图、标志预留空间与最小比例限定、公司与下属产业标志色彩区分、标志特定色彩效果展示。

2. 企业标准字体设计要素

企业标准字体是指经过设计的专用以表现企业名称或品牌的字体。故标准字体设计的重要性与标志具有同等重要性。企业标准字包括企业全称中文字体、企业简称中文字体、企业全称中文字体方格坐标制图、企业简称中文字体方格坐标制图、企业全称英文字体、企业简称英文字体、企业全称英文字体方格坐标制图、企业简称英文字体方格坐标制图。

案例分析 3

如图 5-6 所示是百通软件企业标准字的标准化设计。

点评：此标志的标准字体是在时尚中黑简体的字体基础之上变形而成的，可见在设计字体的时候要保持字体的整体统一和高度的识别性，所以在设计字体的时候只需要局部改变字体的负笔画来统一设计，进而表达企业的文化内涵。

3. 企业标准色彩设计要素

企业标准色，是指企业通过色彩的视、知觉传达，设定反映企业独特的精神理念、组

图 5-6 标准字体（学生作品）

织机构、营运内容、市场营销与风格面貌的状态的色彩。企业标准色包括企业标准色（印刷法）、辅助色系列、下属产业色彩识别、色彩搭配组合专用表。

案例分析 4

如图 5-7 所示是大福酒店的企业标准色。

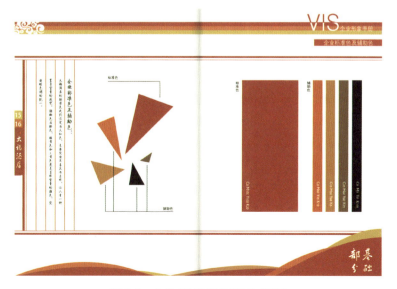

图 5-7 企业 VI 标准色（学生作品）

点评：大福酒店的企业标准色运用红色和土黄色象征了企业吉祥富贵的高贵格调。

案例分析 5

如图 5-8 所示是珠海百通软件科技有限公司的企业标准色。

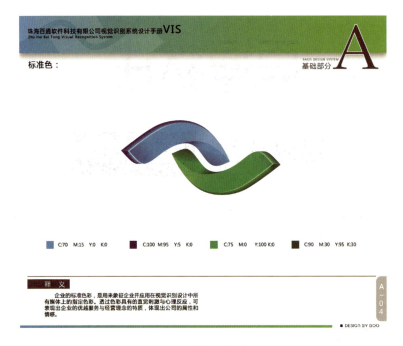

图 5-8　企业 VI 标准色（学生作品）

点评：珠海百通软件科技有限公司的标志以蓝色和绿色为设计要素，分别象征了科技与创新的无限沟通精神。

4．企业造型（吉祥物）的设计要素

企业造型（吉祥物）的设计要素包括吉祥物彩色稿及造型说明、吉祥物立体效果图、象征图形使用规范、象征图形组合规范。

案例分析 6

企业造型（吉祥物）如图 5-9 至图 5-12 所示。

点评：从图中可以看到吉祥物的设计以形象拟人的手法体现了企业的文化内涵和观众亲和的服务精神。

5．企业象征图形的设计要素

企业象征图形的设计要素包括象征图形彩色稿（单元图形）、象征图形延展效果稿、象征图形使用规范、象征图形组合规范。

案例分析 7

企业象征图形案例如图 5-13 所示。

图 5-9　中国第八届残疾人运动会吉祥物设计

图 5-10　第 16 届广州亚运会吉祥物

图5-11 珠海火车头设计制作有限公司设计的"巴布熊猫抱枕"

图5-12 珠海天空文化传播有限公司创作的"悟空"、"八戒"、"小喇叭"

点评：上图是大幅酒店标志的变体设计及应用。通过对标志的变体设计旨在加强人们的反复记忆。

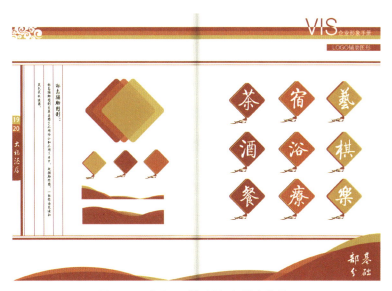

图 5-13　企业 VI 辅助图形（学生作品）

6. 企业专用印刷字体设定

企业专用印刷字体设定包括中文印刷字体规范、英文印刷字体规范、中文书法体使用规范、英文书法体使用规范。

案例分析 8

企业专用印刷字体设定案例如图 5-14 所示。

图 5-14　企业中英文印刷字体（学生作品）

点评：上图是大福酒店的中英文字体反黑反白使用规范。

7. 基本要素组合设计

基本要素组合设计包括标志与标准字组合多种模式，标志与象征图形组合多种模式，标志与吉祥物组合多种模式，标志与标准字、象征图形、吉祥物组合多种模式，基本要素禁止组合多种模式。

案例分析 9

基本要素组合案例如图 5-15 和图 5-16 所示。

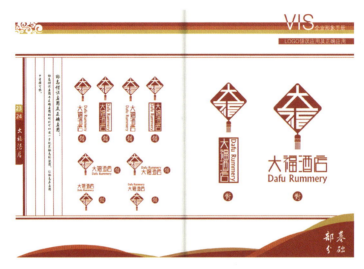

图 5-15　标志的正确应用与错误应用（学生作品）

图 5-16　简称与标志组合（学生作品）

点评：以上学生的作品分别诠释了标志的规范化制图及错误制图以及标志、色彩及字体的规范化应用。

8. 标识符号系统（企业专用形式）设计

标识符号设计是企业的专用形式设计，最常用的是导视牌，主要用于区别企业的工种类别。主要设计内容包括：导向符号、禁止吸烟符号、男女洗手间、停车场符号、楼梯符号、电梯符号、防火符号、安全门符号、垃圾箱符号、问询台符号、各部门、室符号。

标识符号系统（企业专用形式）案例如图5-17至图5-19所示。

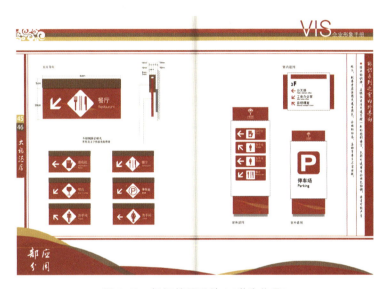

图 5-17　标识符号系统 1（学生作品）

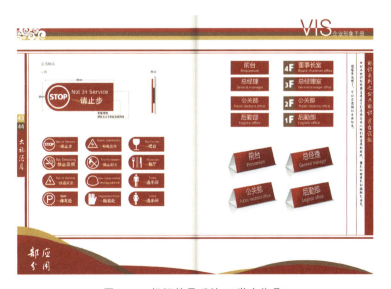

图 5-18　标识符号系统 2（学生作品）

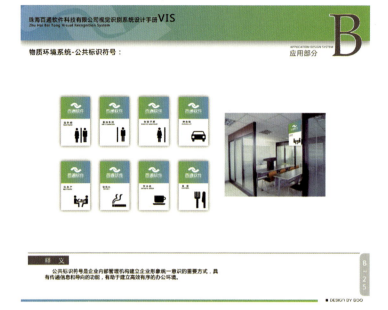

图 5-19　公共标识符号（学生作品）

点评：以上图示分别诠释了一个企业或不同工种类别的具体应用及统一识别。

5.1.2　视觉识别应用系统设计要素

1. 办公事务用品设计要素

（1）名片（高级主管—中级主管——一般员工）。

办公事务用品设计如图 5-20 和图 5-21 所示。

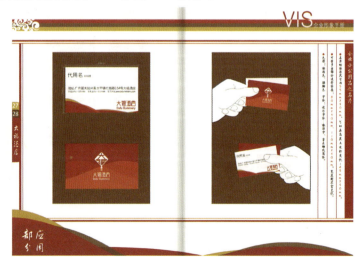

图 5-20　学生作品名片设计

图 5-21 名片设计（学生作品）

点评：名片设计虽小，但包含了企业的名称，持名片人的姓名、职位、地址电话及业务范围等很多信息，我们要通过简洁有效的合理布局及统一格调的设计使名片突出体现企业的宣传概念。

（2）信封（国内信封—国际信封—航空信封—大信袋）（见图 5-22）。

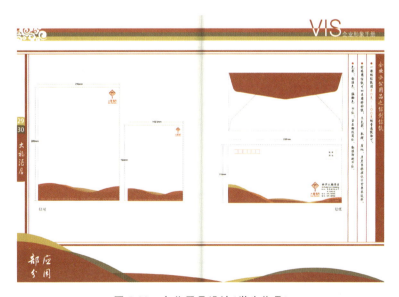

图 5-22 办公用品设计（学生作品）

(3)信笺(见图5-23)。

图 5-23　办公用品设计(学生作品)

点评：信封、信笺的设计应该简洁明了，主要应用在企业的标志组合及色带或企业的装饰纹样上。

(4)传真纸(见图5-24)。

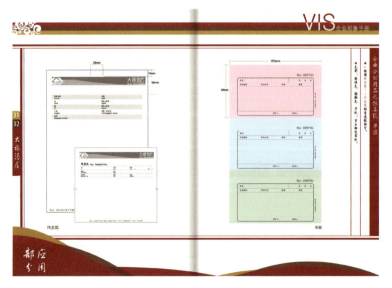

图 5-24　办公用品设计(学生作品)

（5）薪资袋。

（6）工作证。

（7）出入证。

（8）工作记事簿。

（9）文件夹（见图 5-25）。

图 5-25　办公用品设计（学生作品）

（10）公文袋。

（11）职位牌（见图 5-26）。

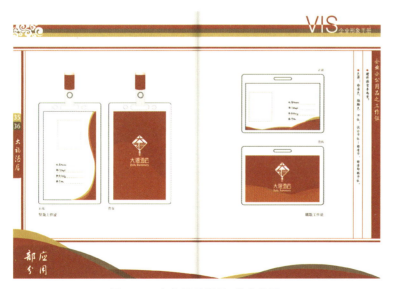

图 5-26　办公用品设计（学生作品）

(12)考勤卡。

(13)合同书规范格式。

(14)批示签呈。

(15)请假单。

(16)名片盒。

(17)名片座。

(18)办公桌标识牌。

(19)圆珠笔、水笔。

(20)及时贴标签。

(21)企业徽章。

(22)财产编号牌。

(23)培训证书。

(24)财务报表:借支单、估价单、入账单、出账单等票据类。

2.公共关系赠品设计

公共关系赠品设计包括贺卡、请柬、邀请函、礼金袋、礼品手提袋、小型礼品盒、钥匙牌、挂历、台历、日历卡、企业宣传卡、企业宣传册、鲜花袋等。

公共关系赠品设计如图5-27所示。

图5-27 大福酒店公共关系赠品设计(学生作品)

3.员工服装服饰规范

(1)主管人员(白领男装):西服礼装、白领衬衣、领带、领带夹。

(2) 主管人员(白领女装)：西式礼装、裙装、领花、胸饰。

(3) 服务男生(蓝领男装)：西装、蓝领衬衣、马甲。

(4) 服务小姐(蓝领女装)：裙装、西装、胸花、胸饰。

(5) 员工圆领衫、T恤衫。

(6) 保安人员：礼装、领花、佩饰、臂章、手套。

员工服装服饰规范(分夏装、春秋装)如图5-28和图5-29所示。

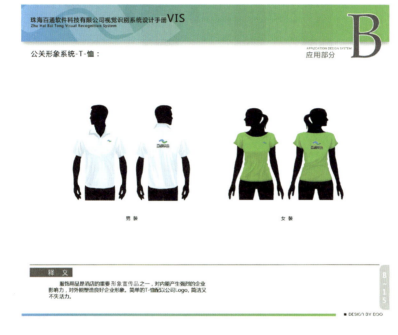

图5-28　珠海百通软件科技有限公司的服饰设计(学生作品)

4. 企业车体外观设计

企业车体外观设计包括小轿车外观设计、面包车外观设计、通勤车外观设计、运输车外观设计、集装箱运输车外观设计。

企业车体外观设计如图5-30和图5-31所示。

5. 办公环境识别设计要素

办公环境识别设计要素包括公司机构平面图、接待台及背景板、办公室牌、背景板、门窗识别图形、会客间看板、布告栏、办公楼走廊处理、公司名称大理石坡面处理、企业旗、吉祥物旗、旗座、导向牌。

办公环境识别设计如图5-32和图5-33所示。

点评：以上设计应该突出用途及应用范围，简洁明了，设计元素主要以标志组合及色带或企业的纹样为统一有效的变体设计。

企业形象设计

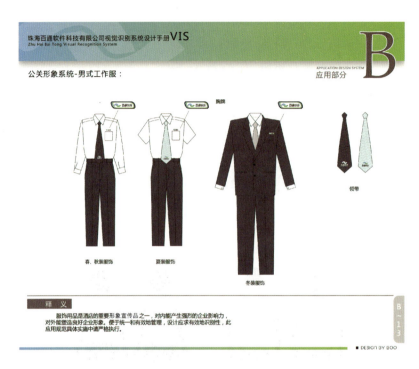

图 5-29　珠海百通软件科技有限公司服饰设计（学生作品）

图 5-30　珠海百通软件科技有限公司的车身设计（学生作品）

第 5 章 视觉识别 VI 的设计开发

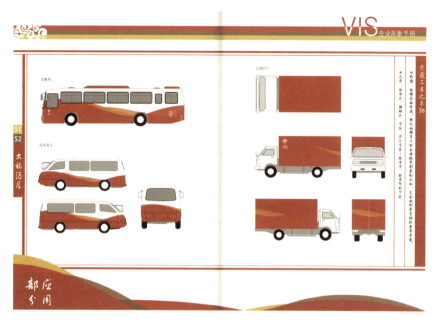

图 5-31　大福酒店的车身设计（学生作品）

图 5-32　珠海百通软件科技有限公司导向牌设计（学生作品）

111

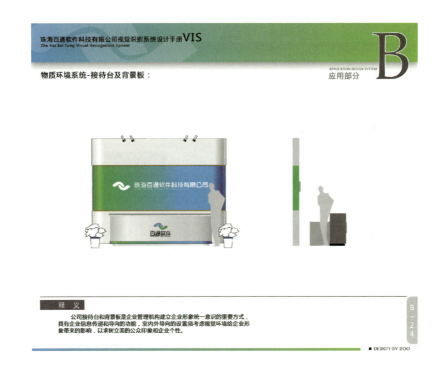

图 5-33 珠海百通软件科技有限公司接待台背景板设计（学生作品）

6．企业广告宣传规范

1）报纸广告版式规范

常规报纸广告根据报纸广告所占版面，可分为整版、半版、通栏、半通栏、竖栏、报头、中缝等，根据位置和面积的差异而定价。在同一个版面上，通常有多个不同的广告，因此报纸广告受到干扰性较强。一般面积大的广告会更引人注目，但是费用也会相对较高。因此，除了以面积取胜外，报纸的创意和设计尤为重要，只有巧妙地结合报纸的发布周期及其媒介特点，才能创作出优秀的作品。报纸媒体具有以下优势：

（1）大众媒体，受众面广。

（2）可信度高，具有一定的新闻性与权威性。

（3）有利于理性诉求，传播有深度的信息。

（4）广告形式多样，灵活性强。

（5）时效性强。

（6）便于保存。

报纸媒体具有以下劣势：

（1）缺乏受众针对性。

（2）印刷效果较差。

(3)时效性短。

(4)信息容易被忽略。

在报纸广告中,由于受到画面画质的限制,具有煽动性的文案往往成为广告的出彩之处。

案例分析 10

20 世纪 80 年代,台湾农林部门为了协助农民推销水果,曾做了一系列堪称经典的报纸广告(见图 5-34):陈兰丽(曾在 20 世纪六七十年代风靡台湾歌坛)的等待——又是"葡萄成熟时"现在吃上正是时候;杨丽花(台湾戏曲名家)的秘密——丽质花颜,来自杨桃的滋润;凤飞飞的心里——一只惦记着甜蜜蜜的台湾凤梨;杨贵妃的遗憾——我们不可遗憾,现在吃荔枝正是时候。

图 5-34 台湾水果形象报纸广告

点评:广告文案是广告成功的先决条件,它为画面设计设定了思路和方向。

巧妙利用当下的时事热点、人物和话题进行报纸广告创意,往往能创造出让读者拍案叫绝的创意,从而留下深刻印象,传递更详细、更有深度的信息也就事半功倍了。

案例分析 11

2000 年夏天,朝韩峰会这个世界轰动的话题吸引了全球的关注,经过半个世纪的对峙,朝韩双方终于握手言和。邦迪创可贴抓住这个热点,创作了"朝韩峰会篇"广告:"邦迪坚信,没有愈合不了的伤口。"(见图 5-35)绝妙地把邦迪创可贴能"愈合伤口"这一简单的产品特性,升华为"再深,再久的创伤也终会愈合"的品牌理念,极大地提升了品牌形象。

图 5-35 邦迪创可贴形象报纸广告

根据报纸传播频率高的特点，一段时间内都一成不变的广告会给读者造成重复的感觉，导致广告内容被有意忽略。因此，系列的、具有故事连续性的报纸广告，不仅能保持读者对该广告的新鲜感，还能促使读者继续关注，甚至主动寻找系列中的其他广告。

案例分析12

万科棠樾的游子归系列广告（见图5-36），就像一部温情的电影娓娓道来一个游子"总有棠樾在心头"的故事：《游子篇》我的心先于我的人回来，它的心先于它的形来回。《新衣篇》多少人看到了父母的童真，几个人看明了爸妈的情真。《归来篇》妈妈在意的永远是儿子的变化，儿子在乎的永远是爸爸的距离。

图5-36　万科棠樾的游子归系列广告

点评：作为一个地产公司，万科棠樾的游子归系列广告的创意立足于人们挚深的情义，并以连续讲故事的形式让人们关注、感动并认同。

2）杂志广告版式规范

根据杂志灵活多变的版式，广告创意有了更多的发挥空间。常规的杂志广告版式包括出血版、封面、插页、门式折页、特殊尺寸等。出血版（见图 5-37）指广告画面一直扩展至版位的边缘，其优点是创意表现的灵活性更大、印刷版面更大、视觉效果更强。很少杂志愿意出售封面让人刊登广告，它们会出售封二、封三（见图 5-38）和封底作为重要的广告位，一般售价很高而且不易得到。有一些特殊尺寸广告会做成小单元、岛形半版。小单元指在版面中间、四周围绕文字的大型广告（占版面 60％）。岛形半版周围的文字小单

图 5-37　奔驰空气悬挂系统　出血版广告

图 5-38　雪弗兰封二、封三广告创意

元的更多,但由于占据了版面主要位置,所以有时其价格比小单元还贵。插页(见图5-39和图5-40)指广告主用优质纸印刷广告,把广告送给杂志并上交一定的费用,让杂志社把广告插入杂志内,以突出广告。门式折页(见图5-41)是插页的一种,但尺寸比正常版面宽,为保持与其他页面大小一致,广告多出的部分向中缝折叠,夹在杂志中。杂志广告版式规范如图5-37到图5-41所示。

图 5-39　插页广告

图 5-40　插页广告

点评:以上图例分别是出血版、封二、封三版、插页、门式折页等广告样式。

平面广告(包括报纸、杂志、海报等)创意表现主要是三大要素:图形、文案、色彩。而出色的杂志广告创意除了广告内容本身之外,还可以从特殊的材质、开启杂志方式进行突破。

(1) 特殊材质如图5-42所示。

(2) 弹起式广告如图5-43所示。

图 5-41　门式折页广告创意

图 5-42　DHL 中外运敦豪杂志广告

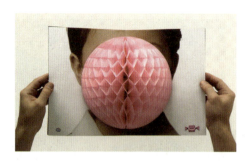 

图 5-43　特殊工艺做出 3D 效果的杂志广告

（3）利用读者翻页动作完成广告的创意如图 5-44 至图 5-46 所示。

图 5-44　太渍洗衣粉广告

图 5-45　某去毛产品杂志广告

图 5-46　阿迪达斯杂志广告

点评：以上图例在杂志图形的创意上突出常规思维，在图形表达上试图以新的形态、图形元素、材质媒介改变受众的观看形式，和观众形成互动进而加强记忆。

（4）新媒体互动杂志广告的创意。

伴随着智能手机的功能开发，某些定位高端的国际品牌尝试在杂志上结合新媒体进行互动性极强的创意：读者需先在 iPad 上安装使用一种感应软件，在阅读杂志看到该品牌的广告时，只要把 iPad 放置在杂志广告上，iPad 中的杂志画面就会开始运动起来，变成一个具有声音图像的视频广告。

杂志广告的优点：①受众针对性强。②印刷精美，具有品质感。③保存时间长。④信息承载量大，可作深度信息传播。

杂志广告的缺点：①周期长，缺乏时效，无法高频次传播。②覆盖面有限。

3）户外广告版式规范

户外广告可能是人类有史以来使用的第一种广告媒介，可追溯到 5000 多年前刻在方尖塔上指引行人的象形文字。20 世纪 90 年代以来，我国户外广告行业取得了突发猛进的发展，企业对户外广告的投入以年均 25% 的速度递增。中天调查公司《中国户外广告发展现状 2010》指出，中国户外广告营业总额约 435 亿元，占中国广告行业营业总额的 15% 左右。而随着户外广告在受众自愿、不经意、不占有时间的情况下便完成对受众的内容传播和渗透，已深深影响人们的购买行为和价值观，诸多厂商已从大批量的户外广告投放中获得丰厚回报，户外广告将越来越受到各行业广告主的青睐。随着科技的发展，户外广告的形式也层出不穷。在设计时，必须把握它们作为户外广告所共有的优势和劣势。

户外广告的优势：①传播率高。②效果好、成本低。③受众针对性强。④具有强制性。

户外广告的劣势：①信息短促，传播信息量少。②环境影响大。③覆盖面有限。

按照载体的不同，户外广告可以分为招贴广告、路牌广告、空中广告、充气广告、灯箱广告等。其中户外电子屏广告、公交车身广告、电梯平面广告等因受众覆盖面广、广告投放效果好而广受关注。

案例分析13

如图5-47至图5-53所示是最常用的户外广告形式和创意。

图5-47 路牌广告

图5-48 灯箱广告（麦当劳此创意在于画面随行人的移动而移动）

图5-49 灯箱广告（Tefal不粘锅广告利用空间的知觉理解作用，简单直白而变化）

图 5-50　公交车体广告（利用 3D 立体画制造强大视觉冲击力）

点评：以上户外广告分别以我们最熟悉的汽车、飞机、气球、地铁、高铁、路牌等媒体作为信息发布的手段，以经典的创意向我们阐释了企业的品牌信息。

4）新媒体互动户外广告的创意

对于路人来说，户外广告属于一种瞬间式的广告。为保证其传播效果，必须具备信息单一明确、创意独特新鲜、视觉冲击力强、表现简洁明了等特征。其局限性十分明显，就是不能传递详细、具有深度的信息内容，因此很难直接促成消费。在过去，当受众想进一步了解某户外广告推广的产品（服务）的详细信息时，他们必须通过报纸广告、杂志广告等其他媒体广告，或者上网检索户外广告提供的链接，才能对产品（服务）进行信息补充了解，进而再寻找购买渠道进行消费。如此漫长的购买过程，让消费是否发生存在较大的风险。

近年来智能手机的普及和二维码的出现，为户外广告与受众之间互动提供了可能，更缩短了受众从接触广告到消费行为产生的过程。也许你在街上不经意地看到一个含二维码的户外广告，由于被其强烈的画面吸引，进而通过智能手机扫描其二维码，就轻松

图 5-51 公交车体广告(巧妙结合车体特征设计的创意)

图 5-52 飞机广告

地完成了对产品的了解和一次冲动性消费,整个过程只需几分钟。二维码使户外广告超越了平面广告的传统范畴,不仅弥补了其信息不足的缺陷,甚至使之成为促成冲动性消费的利器。

图 5-53　热气球广告

案例分析 14

内衣品牌 Victoria's Secret"维多利的秘密"利用具有极强诱惑和视觉冲击的户外广告画面（见图 5-54），利用二维码恰如其分地对半裸的美女进行遮掩，利用挑逗的广告文案邀请消费者用智能手机扫描"揭晓美女们的秘密"，让消费者和广告信息玩"躲猫猫"。

图 5-54　Victoria's Secret 二维码户外广告

点评：图片利用挑逗的广告文案及视觉手段，巧妙地诠释了 Victoria's Secret 神秘而诱惑的品牌形象。

针对户外广告的媒体特点，在设计时要注意以下原则：

(1) 独特性原则。户外广告的对象是动态中的行人,行人通过可视的广告形象来接受商品信息,所以户外广告设计要整体考虑距离、环境、视角、运动等因素所产生的视觉效果。户外传播的难度在于复杂的环境和执行,好的创意通过简洁、醒目的方式,吸引并便于受众互动参与,是成功的关键。因此要做到独特性,关键是要因地制宜地进行广告设计。不少创意非凡的户外广告正是巧妙地利用外部环境的独特条件,使广告内容与客观环境相得益彰。

案例分析 15

麦当劳的户外广告常常善用光的变化进行创意。例如,为了提醒夜间开车的司机光顾麦当劳餐厅,他们在高速公路的路牌上,用特殊的涂料写上广告文案。当过路的汽车在夜间行驶时,路牌上的字就会反射车灯的光线,一行抢眼的文字"麦当劳 24 小时营业"就会突然闪现在漆黑的夜空中,能立刻引起司机的注意。而另一则户外广告则把"麦当劳时间"的诉求,与太阳光线的变化结合得天衣无缝,如图 5-55 所示。DipDip Nuggets 户外装置广告设计中,受众通过搭乘观光电梯就会形成鸡块"蘸酱"的动作,巧妙地利用环境特点与受众形成互动关系,增加了受众在广告中的体验乐趣,如图 5-56 所示。

图 5-55 "麦当劳时间"路牌广告

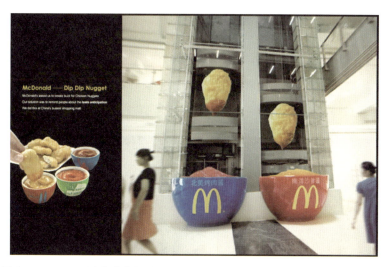

图 5-56　2012 亚洲户外传播大奖全场大奖——DipDip Nuggets 户外装置广告

点评：以上图示都巧妙地利用环境特点与受众形成互动关系，增加了受众在广告中的体验乐趣，无形中让受众记住了品牌。

（2）提示性原则。户外广告的受众是流动的行人，户外广告设计要考虑受众经过广告的时间和地点，要注意图文的结合，以具有视觉冲击力的图像为主导，在吸引眼球的同时又直观表达诉求点；以简洁、诉求清晰的文案进行辅助理解说明。

案例分析 16

在法国，一家叫 AVENTR 的公司，做了三则户外广告引起了巨大的社会反响，成功吸引了大量眼球。第一天，画面上的这个女孩说："9 月 2 日，我将把上边脱下来……"两天后，她真的做到了！接着她又说："9 月 4 日，我将把下边脱下来……"如图 5-57 所示。

图 5-57　AVENTR 公司路牌广告

点评：AVENTR 公司利用人的好奇心理以提示性的手法强烈地吸引了观众的眼球。

（3）简洁性原则。由于户外广告的受众一般接触广告的时间十分短促，只有简洁而具有提示性的画面和文案，才能有效传递广告诉求信息，这也是广告中常强调的"less is more"。

案例分析 17

可口可乐自从 1916 年创造出经典的瓶身之后,在设计上不断加深品牌的可识别性,广告也一贯都是欢乐的氛围。在获得 2012 戛纳广告节户外类的全场大奖的作品中,可口可乐以经典的红白色,用简易的线条既勾勒出可乐瓶的产品形象,又加以变化出一双"可乐手",简练而生动地表达了可口可乐广告一贯诉求的分享快乐的理念(见图 5-58)。

图 5-58 获 2012 戛纳广告节户外类广告全场大奖——"可乐手"灯箱广告

点评:可口可乐以简洁的图底关系把拉手和可口可乐瓶子的元素同构在一起,向我们阐释了可乐分享快乐的理念。

7. 企业形象广告及广告识别系统

1) 企业形象广告策略

企业形象广告是提高企业形象、增加知名度的非产品广告形式,一般发挥着集中作用:报道企业业绩;找准企业在市场中的竞争位置;反映企业个性的变化;推动股票价格上扬;提高员工士气;防止与代理商、经销商、供应商或顾客发生沟通上的问题。与产品广告不同,企业形象广告不能直接产生交易。但是有营销调研数据证明,凡是采用企业形象广告的企业,其知名度、熟悉度和整体印象均超过只使用产品广告的企业。虽然企业形象广告是提高企业预订形象的良好载体,但如果企业形象与广告不符,企业形象广告也是不会成功的。

企业形象广告的根本目的是树立具有独特个性的、为自身和社会大众认同的企业形象,给企业带来效益。其目标受众除了消费者,还有经销商、供应商、政府、投资人、金融界、媒体等利益相关者。广告之父大卫·奥格威对制作优秀的企业形象广告,提出三点注意:①明确企业广告目的。②对广告效果做效果评估,甄别有效部分和无效部分,以避免盲目宣传。③企业形象广告要经历数年才能有所建树,并非一朝一夕的功夫,而走走停停地做企业形象广告,事实上更是在浪费资金。

整体广告策划内容包括:市场调研、制定广告目标和广告诉求策略、广告核心创意、终端与活动策略、媒介策略,最后把这些内容形成广告策划书文本。定位战略是广告的基本策略,其基本目的是在潜在消费者心中形成某个概念。例如,李维斯令人想起"牛仔裤"一词,沃尔沃则是"安全"(见图5-59)。里斯和特劳特认为,消费者脑子里存在着一级级小阶梯,他们将产品按照一个或多方面的要求,放置在这些小阶梯上。简单来说,定位理论是要让你的品牌在消费者脑中占据第一的位置,因为消费者只记得第一,不记得第二。企业形象广告定位并不仅仅为了追求差异化,而是通过企业的内涵、文化、个性等无形因素来唤起受众的心理需求,在受众心智中占据有利的位置,为日后企业广告诉求策略、创意、媒介策略、执行与评估提供战略上的方向和目标,以及战术上的原则和指导。

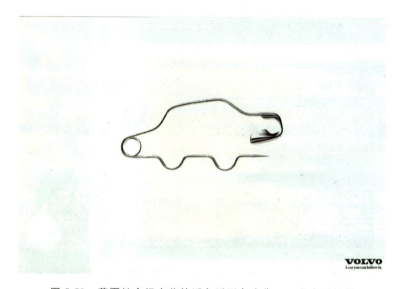

图5-59 获戛纳全场大奖的沃尔沃形象广告——安全别针篇

点评:当人们在讨论一款汽车小到和别针同构的时候,其实这则广告已经有效地达到了企业品牌宣传的目的。

例如,2008—2009年间,美国次贷危机加深,雷曼兄弟破产,金融危机的风暴正式袭来,也引发了全球经济的动荡。在经济萧条的大背景下,人人自危,对于高高在上的事物充满怀疑和排斥,尤其是对于银行这样的金融行业。于是,台湾大众银行的形象广告开始走出了一条新思路:把日常生活中最平凡的人们搬上创意舞台,让人们看到生活中真正的英雄。他们委托广告公司不断收集那些感人的引发人们思考的真实故事,自此大众银行每年的形象广告都大大超出了预期效果,让这个行业的人们重新去思考企业形象广告超出本身性质的正面力量。此系列广告成功传播了大众银行"关注、陪伴、相信"的商业理念,强化了"不平凡的平凡大众"企业精神。

案例分析18

《母亲的勇气》讲述了一位台湾老妇人,不懂外语、第一次出国,还一个人独自辗转3个国家飞行3天,为的就是照顾嫁到委内瑞拉的女儿坐月子,在机场因为携带了一包炖鸡汤的中药而差点被当成嫌疑犯的真实故事。根据调查显示,这个广告让消费者对大众银行友善、温暖和亲切的形象留下深刻印象,如图5-60所示。另一则反响甚佳的是《梦想骑士》,广告讲述了"5个台湾人,平均年龄81岁,1个重听,1个得了癌症,3个有心脏病,每一个都有退化性关节炎,经过6个月准备,环岛13天,1139公里,从北到南,从黑夜到白天,只为了一个简单的理由",这群不老骑士完成机车环台的创举如图5-61所示。

图5-60 台湾大众银行企业形象广告《母亲的勇气》

图5-61 台湾大众银行形象广告《梦想骑士》

点评:以上图示分别把感人的故事情节和积极的人生态度,以及精神与企业品牌形象有效地等同在一起,给我们留下了很好的企业认同感。

2)企业形象广告识别系统应用

企业形象广告很大程度上依靠视觉形象传播,形象地传递广告的信息,这就是视觉创意。这是因为,视觉传播的表现力比语言文字更强、赋予广告更强的诉求力。在进行企业形象广告设计时,应注意以下几点:

第一,广告是企业形象识别战略的重要传播手段,整体的广告计划是形象广告成功的基本保证,统一的视觉传播对树立统一品牌关系甚大。广告主题、画面形象、版式、文案、字体、色彩等元素,必须与企业的形象定位吻合。

宝洁作为目前全球最大的日用品公司之一,拥有数十个不同定位、不同品类的子品牌。或许我们更熟悉其子品牌的产品广告,然而这样品牌种类繁杂的,覆盖全球市场的大型企业应该如何做企业形象广告呢?首先要考虑到宝洁是一个大众化品牌,因此她必须树立平易近人的形象。其次,对于宝洁最庞大的产品品类——日用化工产品,其主要目标群体更是那些操持家务的女性,从而广告中情节内容必须贴近其目标人群的生活。最后,广告主题、人物形象、画面情节必须要做到超越地域、种族、宗教,才能在全球范围实施并一致得到良好效果。

案例分析 19

2012年伦敦奥运会,宝洁公司作为国际奥委会的全球合作伙伴,正式启动宝洁2012年伦敦奥运会"为母亲喝彩"主题活动。这是宝洁公司历史上规模最大的一次全球活动。结合奥运会,紧密围绕主题,宝洁诠释了"每个运动员身后都有一个了不起的妈妈。宝洁公司一直致力于帮助妈妈们,感谢所有默默付出,成就孩子梦想的伟大母亲们"。以这样的声音和态度,宝洁通过电视广告、平面广告、公关活动完成了一次广受好评的企业形象推广(见图5-62)。作为一个全球性品牌,宝洁十分重视本土化营销。在中国地区,为了将这次广告活动做到本土化,宝洁签约林丹、陈一冰、吴敏霞、何雯娜4名世界级运动员,为中国奥运健儿背后的无名英雄喝彩,为母亲喝彩(见图5-63)。实际上这一次成功的企业形象推广,提升的不仅仅是宝洁本身的信誉和美誉,同时也提升了其所有子品牌、旗下产品在消费者心目中的亲和形象。

点评:宝洁成为目前全球最大的日用品公司是因为它非常注重企业形象的品牌塑造,在上则广告中宝洁公司站点高,定位准。它利用2012年伦敦奥运会,借运动员的成功,成功地推出妈妈形象,并能结合本土文化,成功地诠释了宝洁公司一直致力于帮助妈妈们(感谢所有默默付出,成就孩子梦想的伟大母亲们)的文化基点和品牌概念。

第二,在一定时间内、任何媒体上,要具有一定的元素或风格继承,并延续使用,从而建立和维护企业形象广告的识别系统。否则,容易让受众混淆,或自相矛盾地挫伤了广告的诉求力。

图 5-62　伦敦奥运会宝洁企业形象广告《感谢妈妈》

图 5-63　伦敦奥运会宝洁"为母亲喝彩"主题活动 中国地区形象广告

案例分析 20

法国石油化工公司 TOTAL(道达尔)的创意主题为"Our energy is your energy"(我们的能源,你的能量)(见图 5-64)。因此,其所有的形象广告表现,无论是电视广告还是平面广告,其广告形式都是上下两半的结构,一半为自然环境或消费者的生活场景,一半为 TOTAL 的工业生产场景。通过一种矛盾却和谐的画面传达 TOTAL 的"共享承诺",体现其环保、卓越的企业形象。

图 5-64　TOTAL(法国石油化工公司)形象广告

点评:虽然媒介不同,时间、地点不同,但是对同一品牌的形象塑造要有统一性、同一性和差异化的特点。

第三,企业形象广告可根据某一次广告运动的具体需要作出形式上的变化,但企业形象系统中的要素必须要牢牢把握,否则会破坏企业给受众已有的印象,导致其形象损害。

案例分析 21

"Impossible is nothing!"是 Adidas 深入人心的广告口号。2008 北京奥运会,Adidas 提出本次广告运动的创意核心:运动国度——当 13 亿中国人聚集在一起——没有不可能(见图5-65)。Adidas希望通过奥运会广告战役在人们心目中树立其独一无二的最能代表体育精神的品牌信念,并加深广大受众对于Adidas的品牌认同。要让"运动国度"的概念深入人心,最重要的就是创造一种视觉与语言,表明普通民众同中国体育明星一样都能为国家带来荣耀。广告画面中Adidas只保留了标志、广告口号、品牌信念等企业形象识别元素,创新地运用素描的方法传达视觉语言,通过虚实结合的手法进行表达,融入电视广告、户外和室内的平面广告以及与该项目有关的线上和线下的广告中。

图5-65　2008年北京奥运Adidas形象广告

点评:此图是2008年北京奥运Adidas形象的系列广告,画面运用疏密虚实、黑白和彩色等多次对比的手法使画面在信息的宣传上单纯集中,更使Adidas形象深入人心。

8. 企业商品包装识别系统的设计

企业商品包装识别系统的设计包括商品销售系列包装,高档礼品包,商品大件组合包装,重大民俗节日商品销售包装,便于携带外出商品小包装,企业主导商品与配套商品组合包装,商品大件、中件运输包装,商品运输包装封条。如图5-66所示为一组学生设计作品。

点评:以上图示是大福酒店的企业包装设计,通过对标准标志及标准色彩和标准字体的标准应用,通过标准化的重复应用及变体设计有效地体现了企业文化及精神。

图 5-66　学生作品包装设计

5.2　视觉识别 VI 要素的设计与制作

视觉识别是企业的脸面，是企业形象识别系统中最具传播力与视觉冲击力最强的外在形式，建立好品牌不是目的，而是一种手段，是通过品牌的建设来达成或提高产品的销售。而 CIS 企业识别设计中的视觉识别正是建立品牌特点、气质和内涵的视觉手册。一个企业既要"与众不同"，又要"大众认同"，这也是 CIS 设计成功的关键。在 CIS 企业识别设计中品牌标志、标准字、标准色设计是整个品牌传播的核心。

5.2.1　标志

在 VI 系统中，标志是应用得最为广泛、出现频率最多的要素，具有发动所有视觉设计要素的主导力量，是统合所有视觉设计要素的核心。更重要的是，标志在消费者心目中是特定企业、品牌的同一物。

标志在视觉识别系统中具有如下的特性。

1. 识别性

这是企业标志在视觉传达中的基本功能，在 VI 设计开发中，透过整体的规划与精心设计所产生的造型符号，具有个性独特的风貌和强烈的视觉冲击力，因此在企业传达中是最具认知识别机能的设计要素。

案例分析 22

标志的识别性案例如图 5-67 和图 5-68 所示。

联合证券⋯全国四十家大型企业（首钢、海尔集团等）联合成立的证券业国字号航空母舰。

图 5-67　联合证券标志设计

点评：标志方寸大小，以及概括的图形表达准确的含义是我们形意结合的要点。

2. 领导性

标志作为企业视觉传达要素的核心和主导力量，在视觉识别计划的各个要素设计中居重要的地位，而且是不可缺少的构成要素，扮演着决定性、领导性的角色，统合着其他视觉传达要素。

图5-68　各行业标志设计

3. 同一性

企业标志是企业经营抽象精神的具体表征，代表着企业的经营理念、经营内容、产品的特质。因此，消费大众对企业标志的认同就等于对企业的认同，所以标志一经确定为某种标准样式，就不能任意更改或破坏，否则会影响消费大众对企业的信心，更会产生对企业不利的负面印象（即使因为某种特殊原因需要变更企业标志，也应采取慎重的态度，不能草率从事）。

4. 时代性

标志是企业同一化的表征，在企业视觉识别系统中居于核心和领导的地位，在当今消费意识与审美情趣急剧变化的时代，人们追求流行时尚的心理趋势，这使得标志面临着时代意识的要求，要吻合时代潮流。

为表明企业求新求变，勇于创造，消除落后于时代的陈旧老化的印象，必须在一定时期内对原有的企业标志加以检讨改进，增加新颖的造型要素，确定清新明确的表现形式，以设计出兼顾新旧特质的标志，来满足时代的需求。

5. 造型性

标志必须具有良好的造型性，良好的造型性不仅能大大提高标志在视觉传达中的识别性与记忆值，提高传达企业情报的功效，加强消费者对企业产品或服务的信心，加强企业形象的认同感，同时还能大大提高标志的艺术价值，给人们以美的享受。

6. 延伸性

案例分析 23

图5-69的引文如下：

如图5-69所示是我国2008年在北京举办的第29届奥林匹克运动会会徽和奥运福

娃贝贝、京京、欢欢、迎迎和妮妮。特别是会徽设计的中国印,她似"印"非"印",似"京"非"京",潇洒飘逸,充满张力,是中国汉文化的符号设计,寓意舞动的北京。会徽的设计特点是将中国特色、北方特点和奥林匹克运动元素巧妙结合。

图 5-69　2008 年北京奥运会形象

点评:标志在运用中要出现在不同的场合,涉及不同的传播媒体,因此它必须有一定的适合度,即具有相对的规范性的弹性变化。

为了适应上述这种需要,标志在 VI 视觉识别系统的设计展开中必须具有延伸性,即除了有标准的设计形态外,还需要有一定的变体设计,产生具有适合度的效果与表现。如阴阳变化、彩色黑白、空心线框、放大缩小等。

7. 系统性

作为 VI 系统中的标志设计,必须考虑到它与其他视觉传达要素的组合运用,因此,必须具备系统化、规格化、标准化的要求,作出必要的应用规范,以避免非系统性的分散混乱的负面效果。

在集团企业之间的关系上,可以采用不同的图形编排组合方式,来强化企业系统化的精神。

要设计出成功且具有良好推广力的企业标志,标志设计必须依照一定的程序展开,一般需要经过以下几个阶段。

1）了解情况

在进行标志设计之前，必须对委托的设计对象（企业体）作深入了解，以获得设计的客观依据，同时启发设计意念，在一些主要的方面需要加以认识与把握。如企业的经营理念、精神文化，企业的前景展望，企业的性质、经营内容、产品的特性或服务的特色，企业的规模与市场地位，企业在社会大众的印象度与知名度，企业主管对标志有何期望与要求等，这些情况都需一一加以了解，才能找到设计的依据。

2）市场调查

对企业原有的标志进行检讨，对其成功与不足之处作出客观的评价。同时，对市场上同类企业的标志或品牌商标进行收集整理并加以分析，尤其对企业主要竞争对手的企业标志进行分析研究，比较各自的优劣。甚至可以采用对消费者的某种测试方式进行一定量度的市场调查，从消费者对标志设计题材、造型要素、构成形态、表现形式等方面获取客观依据，作为设计作业的参考，以便形成正确的思路。

3）意念开发

设计的准备工作完成后，从这个阶段开始正式进入设计作业。根据对企业情况的了解及从市场调查中获得的有关资料的分析结果，可以确定设计的创意方向，进行意念开发。从标志设计的主题素材中选择适当的题材，作为标志设计意念展开的基础。

设计题材的分类有以下几个方面。

（1）以企业或品牌的名称为题材（见图5-70）。

福耀玻璃　　　　　　三盛电子　　　　　　重庆钢梁

图5-70　体现企业或品牌名称的标志

（2）以企业或品牌名称首字为题材（见图5-71）。

图5-71　体现企业或品牌名称字首的标志

(3) 以企业或品牌名称的含义为题材（见图5-72）。

图5-72 体现企业或品牌名称含义的标志

(4) 以企业经营理念为题材（见图5-73）。

图5-73 体现企业经营理念的标志

(5) 以企业或品牌与字首组合为题材（见图5-74）。

图5-74 体现企业或品牌与字首组合的标志

（6）以企业或品牌与字首、图形组合为题材（见图 5-75）。

图 5-75　体现企业或品牌字首、图形组合的标志

（7）企业经营内容或产品形态为题材（见图 5-76）。

图　5-76

(8) 以企业或品牌的传统或企业所在地的地域特色为题材(见图 5-77)。

图　5-77

点评:标志造型的方法就是以确定的题材为方向进行意念延伸变化,力求产生更多的表现各异的意念,然后从众多可行性意念中确定几个最佳意念,以便集中深化。

8. 设计绘制

选择能表达企业精神和经营实态的意念作定点深入地垂直发展,确定标志设计的造型要素和选择最佳的构成形态,反复推敲,不断修改,对多种不同表现的方法进行比较、综合,从而达成最佳的构成形态,同时具有一定的意念内涵。

9. 精致化作业

一旦标志造型正式确定后,即应该进行标志设计的精致化作业,以保证标志的准确性、完整性,并根据整体传播系统的要求,展开应用的对应作业。

标志设计精致化的作业项目包括:

(1) 标志造型的视觉修正。对标志造型进行最后的调整修改,使其各种构成要素的关系达到最完美的形态。

(2) 标志造型的数值化限定。在坐标纸上作出标准化的制作图,作为应用时的标准。

(3) 标志运用尺寸的规定与缩小的对应。为确保放大、缩小后的视觉认知效果,做出详细的尺寸规定,对标志缩小时作造型、线条粗细的修正等对应性设计。

(4) 标志与其他基本要素的组合规定。按照标志与企业名、品牌名标准字的组合;标志与企业名、品牌名标准字以及企业造型的组合;标志与企业名、品牌名标准字以及企业口号的组合;标志与企业名、品牌名标准字体以及企业全称、地址、电话的组合等不同单元,作横排、竖排、大小、方向等不同形式的组合,并注意组合中要达到构成上的均衡感、合理的比例及协调的空间关系。

10. 展开应用

企业标志完成全部设计展开作业后,应送交企业主管作最后的认定,认可后即可与视觉识别的其他应用要素展开运用，并进行全面的推广传播。

5.2.2 标准字

从今日的设计意义来说，标准字是泛指将某种事物、团体的形象或全称整理、组合成一个群体性的特殊字体。就其设计制作组合构成的技术而言，也可称之为合成字。

标准字是视觉识别系统中基本设计要素之一，因种类繁多、运用广泛，几乎涵盖了视觉识别符号系统中各种应用设计要素，出现的频率甚至超过标志，故而其重要性不亚于标志。

标准字能将企业的经营理念、规模性质等，透过文字的可读性、说明性等明确化的特性，创造个性独特的字体而达到企业识别的目的，塑造独特的企业形象。

与一般文字相比，标准字在字体上的最大差别在于除造型外观不同之处，还在于具有特定的配置关系，一般文字的设计出发点着重于字体的均衡组合，可依据需要进行上下左右的任意组合。标准字则不同，其设计是根据企业品牌名称、活动主题与内容而精心设计的。在字体之间的宽窄、正斜的配置、线条的粗细、统一的造型等方面均进行过周密的规划。经过视觉调整的修正，达到了空间的均衡与结构的和谐，具有独特的美感和造型效果。如图5-78所示中国电信的标志采用的是自己的专用字体书法体。

图 5-78　中国电信标准字

1. 标准字的特性

标准字在视觉识别系统中具有如下特性：

（1）识别性。强调差异与个性，其字体具有独特的风格与强烈的印象（由不同的企业的经营理念与文化背景而决定）。

（2）造型性。它要体现一定的新颖独特感与和谐的美感，令人感到亲切，乐于接受（能否达到这种要求，全在设计师的艺术功力）。

（3）易读性。其根本目的首先在于能够明确传达特定信息，因而要求具有易读的效果，才能有效地实现传递信息的目的（因此，必须遵循字体的基本规范，不能主观随意地加以变化处理，否则将会难以辨认）。

（4）延伸性。面对不同传播媒体的不同要求限制，设计不同的字体形式，以便应付不同媒体的应用要求。

（5）系统性。标准字导入企业识别系统中时要考虑与其他设计要素组合应用的统一性。

如图 5-79 所示如家酒店的标准字的标准化设计，识别性高，字架结构清晰，通过适当的添加简化使文字亲切大方。

图 5-79　如家酒店标准字

标准字的类型大概有以下三类：

（1）企业或团体名标准字。

（2）品牌名、产品固有名、店名标准字。

（3）广告字、标题标准字。

就字体造型特征而言，印刷字体造型方正平整，使用时限长久，广告字体活泼新颖，使用时限短暂。

2. 标准字设计的把握要点

（1）基本造型的确定。

根据企业或品牌的性质、形象要求，首先确定字体的整体形态特征，如方正、扁长、斜置、外形自由等，以表达企业的个性风貌。

（2）基本笔画的配置。

字体造型确定后，先画出必要的辅助线，在电脑上于适当位置勾画出基本笔画，注意其空间架构，字形大小及笔画粗细的配置是否均衡协调。

（3）字体形态的统一。

可在确定的特定字体上进行发展、变化，力求塑造独特的字体形态。但保持不可分的同一要素，才能统一协调。

（4）讲究排列的方向。

根据不同字体的基本特征，确定不同的排列方向。在中外文字体比较上，中文字体较之拉丁字体更富弹性，可根据设计的需要作直排或横排的方向处理，而拉丁字体则较适合横向排列，直向排列由于不符合人们的视认习惯，一般效果欠佳。

横向排列字体的倾斜处理，可造成一定的方向感和速度感，但斜置的字直向排列则会十分不稳定，产生飘落感。连体字在横排时会产生流畅连贯的美感，但无法拆开作直向排列，也无法保持原有字体的统一感。

为了有效地与视觉识别系统的基本要素组合运用，标准字还需要进行适当的变体设计、衍生造型，丰富标准字的表现力和范围。

5.2.3　标准色

标准色是指企业为塑造特有的企业形象而确定的某一特定的色彩或一组色彩系统，运用在所有的视觉传达设计的媒体上，透过色彩特有的知觉刺激与心理反应，以表达企业的经营理念和产品服务的特质。

标准色由于具有强烈的识别效应，因而已成为经营策略的有力工具，日益受到人们的重视，在视觉传达中扮演着举足轻重的角色。

色彩除了自身具有知觉刺激，引发生理反应外，更由于人类的生活习惯、宗教信仰、自然景观等的影响，使得人们看到色彩就会产生一定的联想或抽象的感情。

例如，可口可乐的红色洋溢着热情、欢乐和健康的气息；柯达胶片的黄色，充分表达色彩饱满、璀璨辉煌的生活气息；美能达相机的蓝色给人以高科技光学技术结晶的联想；七喜汽水的绿色给人以生命活力的感受等，都是借助色彩的力量来确立企业、品牌形象的成功范例。

1. 标准色的设定方式

标准色的设定一般有如下三种方式。

（1）单色标准色：色彩集中单纯有力，能给人以强烈的视觉印象，能够给消费大众留下牢固的记忆,这是最为常见的企业标准色形式。如可口可乐的红色,麦当劳的黄色,阿迪达斯服装的蓝色,富士胶片、七喜汽水的绿色等都是采用单色标准色的设定方式。

(2) 复数标准色:为了塑造特定的企业形象,增强色彩律动的美感,许多企业在标准色的选择上多采用两色以上的色彩搭配。如美国联合航空公司采用红、橙、蓝三色的组合,百事可乐采用红蓝二色的组合,日本华歌尔服装采用紫与玫瑰色的组合,泰国航空公司采用玫红与土黄色的组合,日本松屋百货的蓝与棕色的组合都是采用复数标准色的设定方式。

(3) 标准色+辅助色:为了区别企业集团母、子公司的差异或用色彩对企业不同部门,或品牌、产品的区别,一般均采用这种色彩系统的标准色形式。如加拿大太平洋企业,其标志相同,而以色彩区别不同的企业部门;日本东急企业集团标准色为红色,各关系企业依经营内容的不同使用不同的色彩;日本麒麟啤酒标准色为红色,另用橙、绿等八色来区别不同的商品类别;日本生命保险公司以红色为企业的标准色,另外用10个辅助色区别其不同的服务内容。

企业标准色的设定不能随意为之,必须根据企业的经营理念、性质及色彩自身的象征性来加以设定,才能准确地传递特定的企业形象。

2. 标准色开发与表达范例

大型旅游工程"拥有一片故土"的CI策略,设定黄色为项目活动的标准色,红色、深蓝色为辅助色。其设定的根据如下:

(1) 我国古代文明发源于黄河流域,黄色在我国传统民俗心理中意味着大地、土地,这与"拥有一片故土"大型旅游工程要表达的主题思想密切吻合,十分切题。

(2) 我国古代文明崇尚黄色,历来以黄色为尊贵之色,中华具有炎黄子孙之称,同时黄色又给人以高尚、富贵、庄严、神秘的联想,这与"拥有一片故土"大型旅游工程的内涵有十分紧密的联系。

(3) 在色彩心理上,金黄色能给人以光明、流动、希望、幸运等联想,十分吻合人们在旅游中追求快乐、轻松等心理感情趋势,故与"拥有一片故土"的旅游主题一致。

(4) 红色在视觉上有强烈的刺激度,有良好的识别力,在视觉心理上给人以健康、活力、朝气、热情、幸运等联想,也是我国传统习俗上喜欢选用的喜庆和吉利的色彩,作为具有唤醒生命力使之升华到神圣意境形象的红色,与"拥有一片故土"主题要表达的内涵十分一致。

(5) 深蓝色的设定,有两种含义,一是深蓝色在明度上接近黑色,给人以沉重、浑厚、深幽的土地联想;二是深蓝色与"拥有一片故土"大型旅游工程承办单位海王集团的蓝色标志是同一色相,能使人自然联想到海王集团。

（6）确定黄色为标准色，红蓝二色为辅助色，其中黄色、红色均为大陆及海外的华夏子孙十分喜爱，能领悟其中含义，乐于接受的色彩，对于海外非华人的外国人来说，黄色与红色正是象征神秘古老的中华文明的代表色彩，易于激起他们求新猎奇的心理，萌生参与"拥有一片故土"活动的动机。因此标准色与辅助色都与目标对象特定心理吻合，有利于主题的表达。

（7）在视觉传达上，黄、红、深蓝都有良好的视觉展现力，不论主调单独使用或组合运用，都能获得良好的视觉效果，能塑造令人难忘的独特的项目识别形象。

案例分析 24

图 5-80 为可口可乐企业的标准标志与标准色彩的标准组合，正是可口可乐企业对红色的成功应用成为当今饮料企业的成功典范。

图 5-80　可口可乐标准色

点评：可口可乐欢快的字体及红白两色的应用经典地体现了可口可乐永远塑造年轻歌手的形象。

5.2.4　企业造型（吉祥物）

企业造型是为了塑造企业识别的特定的造型符号，它的目的在于运用形象化的图形，强化企业性格，表达产品和服务的特质。

企业造型的功能有两个方面，首先它是具有企业标志的作用，是企业标志在新的市场竞争形势下的演化与延伸，可以说是企业的第二标志。其次是具有补充企业标志说明性质的作用，作为一个企业或产品代表性或象征性的角色形象，它能直接转化消费者对企业认识的印象,有利于企业形象个性化的确立。

企业造型作为象征企业和产品的漫画性的人物、动物、非生命物,它兼有标志、品牌、画面模特、推销宣传等各方面的角色。它犹如一位友好使者密切地联系着企业与消费者,使消费大众一看到角色形象,便立即联想到相关企业与产品,进而受到角色活动的影响,建立起对企业和产品的良好印象。

企业造型的设定,必须理性地分析企业的实态、企业的品格、品牌的印象或产品的特质,以确立的企业形象定位为基准,然后再决定设计的方向,选择设计的题材,来设计与企业或产品身份相吻合的企业造型。如女性用品应表现温柔高雅的风情万千,故宜选择艳丽纤巧的植物或体态乖巧的小动物;男性用品应表现坚毅粗犷的阳刚之气,故宜选择充满力量、速度猛捷的动物。

1. 企业造型的设计方向

企业造型的设计方向可由以下方面确定。

(1) 故事性:从流传民间家喻户晓深入人心的童话、神话故事、民间传说中,选择个性特征突出的角色。

英国 TLT 海运公司选择英国家喻户晓的威丁顿与猫作为企业造型。孤儿狄克·威丁顿是英国童话中的人物,他在航海途中,船遇到群鼠袭击,幸好他靠随身携带的猫根治了老鼠。孤儿水手与猫漂泊流浪、机智勇敢的形象,十分巧妙地体现了 TLT 海运公司的企业精神。

日本运动港体育用品公司,选择广为流传、世人皆知的龟兔赛跑中的龟兔为企业造型,龟兔角逐的故事性用于角逐竞技的公司经营内涵十分贴切。

(2) 历史性:人类都有一种眷恋历史、缅怀过去的怀旧心理,以历史性确定企业造型设计方向,可以标示历史悠久的传统文化,体现经典名牌的权威性。

如美国肯德基炸鸡公司即以创始者山德斯老先生的肖像为企业造型,以显示家传配方的独特风格。

日本国立歌剧院以翩翩飞舞长空的霓裳仙女为企业造型,仙女外绕六瓣花朵,象征"六吕"音律,有机地与企业业务内容联系在一起,还体现出浓郁的东方文化风采。

(3) 材料性:以企业经营的内容或产品制造的材料为企业造型的设计方向。

如英国瓦物涅斯酒业公司以酿酒木桶为企业造型;法国米其林轮胎公司的企业造型"轮胎汉"是将轮胎进行拟人化演变而成的。

(4) 动植物的习性:以不同习性的动植物再赋予其特定的姿态动作,传达独特的经营理念。

享誉世界的体育用品名牌企业采取这种设计方向,如彪马的飞豹、亚瑟士的老虎、

Lacoste 的鳄鱼等皆属影响力极大的企业造型。

案例分析 25

图 5-81 为第 19 届南非世界杯吉祥物设计,这是世界杯足球赛首次在非洲地区举行,所以 2010 年南非世界杯足球赛的吉祥物是一只长着一头绿色卷发的豹子"扎库米"形象,它是南非当地一种濒临灭绝的豹子,南非世界杯组委会渴望让它成为"形象大使",同时宣扬保护动物的理念。

图 5-81 南非世界杯吉祥物设计

点评:南非世界杯吉祥物是一只名为 Zakumi(暂译为扎库米)的明黄色的豹子。其中 Za 是南非的国际代码,寓意南非,豹是南非地道的四大动物之一,年轻、机敏且充满活力,所以非洲举办的世界杯的理想形象大使是以豹子为基本形夸张拟人而来的。

2. 企业造型的表现分类

企业造型的表现基本上可分为具象和半具象两大类。

1) 具象的企业造型

以物象的自然形态作写实性的表现,容易让人感到亲切,并被人们接受与喜爱,在企业造型表现中占主导地位。

具象的企业造型从题材上分,又可分为人物、动物、商品拟人化、联想性四种表现形式。

(1) 人物类:这是企业造型中用的最多的一种形式。例如,受人欢迎的电视节目人物铁臂阿童木就是日本明治制果企业的企业造型。还有麦当劳的小丑、肯德基的山德基叔叔、海尔制冷的海尔兄弟、朝日啤酒的霍希先生等。

（2）动物类：选择人们所宠爱的某些动物，强化其令人喜爱的形态特征和个性，使之成为人们理解、欢迎的角色形象。

设计十分成功的动物企业造型有美国迪士尼的唐老鸭与米老鼠、日本三洋电器的松鼠小姐、美的空调的北极熊、汉城奥运会的虎等。

（3）产品拟人化：把特定的产品赋予人的个性，突出产品所具有的特性，并作个性化的强调，加深消费大众对产品和企业的印象。

个性突出令人印象深刻的产品拟人化企业造型有康泰克感冒药的康泰克先生、日本资生堂牙膏的珍珠姐儿、家庭食品工业快餐面的蛋兄、电信电话公司的长途小子等。

（4）联想性：根据企业名称或标志以及有关物质材料的联想而创造的企业造型，使人能很快联想到相关企业及产品。

如开瑞坦药业的绿色巨人、在日本为人们所喜爱的联想性企业造型有星辰表的星辰先生、索尼电器的影视先生等。

2）半具象的企业造型

将具象形象作高度简化和提炼的抽象处理，作一种意象性表现。这种表现个性突出，随意性强，能更自由地表达意念，给人印象深刻、记忆度更高。

其企业造型在设计上应把握如下原则。

（1）关联性：企业造型的形象与性格与企业和产品有所关联并吻合在一起，这样才能和谐自然，有助于独具个性的企业形象的建立。

（2）个性化：有与众不同的鲜明的个性，在造型、风格和气质上都独具特色，别具一格，具有很强的识别感。

（3）情感性：令人有亲切感，富于浓郁的人情味，可爱有趣，具有某种情感与气质，平易近人，使人喜爱，乐于接受。

（4）定型化：企业造型在造型上虽可作一定的延伸变化，但应与标志一样具有稳定的形态特征，不能随意改变。

（5）取个好名字：取名要别致有趣，富于人情味，能给人以深刻的印象并便于记忆，使人见到名字便能立即联想到相关企业和产品。

（6）夸张的表现：在设计时要对企业造型的形态和表情给予适度的夸张变形处理，使其气质特征更加鲜明突出。

（7）简洁的造型：在造型上要高度概括提炼，尽可能地单纯化，使企业造型的个性更加突出，同时也便于人们识别记忆。

5.2.5 象征图形

在视觉识别系统中,象征图形是作为一种附属与辅助性的要素出现的,配合标志、标准字、标准色、企业造型等基本要素而被广泛灵活地运用,有着不可忽略的功能作用。

象征图形与视觉传达设计系统中的基本要素是一种主从与宾主的关系,以配合设计的展开运用。作为带有一种线或面的视觉特征的设计要素,往往能与具有点的特征的标志、标准字、企业造型等基本要素,在画面上形成主次、强弱、大小等对比呼应关系,丰富与强化画面的视觉传达效果,增强了视觉传达的力度与感召力。

1. 象征图形在设计运用上的功能

(1) 强化企业形象的诉求力。

作为一种辅助与补充的设计要素,象征图形能以其丰富多样、灵活的造型符号,补充企业标志、标准字等,更有效地增强企业形象的诉求力,使其内涵与表现更趋于完整,更易于认知识别。

(2) 扩展设计要素的适应性。

利用象征图形作为设计的辅助要素,有利于设计的扩展与变化,增加了基本要素运用时的适应性与灵活性,有助于设计表现的幅度与深度的推进。

(3) 增强画面的视觉律动感。

由象征图形组合变化能衍生出富于趣味的律动感,能强化画面的视觉冲击力,产生良好的诱导效果,增加审美情趣和亲切感。

由于象征图形具有以上突出的功能,其积极作用日益为人们所认识,故其扮演的角色有越来越重要的趋势。

象征图形多采用圆点、直线、方块、三角、条纹、星形、色面等单纯造型作为单位基本形,可根据设计作业的需要,进行多样的排列组合变化,产生丰富多彩富于情趣的构成形态,给人以不同的视觉感受。

象征图案的设计不仅富于弹性,有广阔的表现空间,还具有强烈的识别性,有利于树立独特的企业形象。

2. 象征图形的设计开发

(1) 以企业标志衍生变化作延伸性的表现,可增加数量、曲折、渐层等演化。

(2) 重新设计具有个性的造型符号,再进行一定限度的延伸变化。

象征图形确定后,需要确定其与其他基本要素的组合规范,以便应用到需要涉及的传播媒体,以创造统一的企业形象。

3. 标志的变体设计

完成标志的标准设计形态后,为适应各种媒体的需要,要以标志的标准形态为基础,演化出各种变体设计,发挥灵活运用的延伸性。

一般设计的变体表现形式有下列几种:进行粗细线条的变化,进行彩色与黑白的变化,进行正形与负形的变化,进行线框空心体的变化,进行网纹、线条等的变化。

5.2.6 版面编排模式

版面编排模式是指在平面设计的版面上塑造统一的设计形式,是一种具有差别化、风格化的编排模式。它不仅创造引人注目的吸引力,还对企业形象有强烈的识别性,因此逐渐成为设计人员重视的设计因素。

在视觉识别系统中规划一套同一性、系统性并富有延伸性的编排模式,已成为当今各大企业规划视觉识别计划的重点。

规划版面编排模式,首先要了解、把握企业识别系统基本要素的组合,根据组合系统的规定;其次增添标题、标题字、文案内容的空间,试作各种排列组合,再确定富于延伸性的编排模式。

根据应用的需要,设计各种不同的模式,以满足实务的操作,如报纸报告必须设计横、竖两种模式。对于尺寸特殊的平面媒体设计,尚需要根据特殊规格设计特定的版面模式。

版面编排模式确定后,为方便应用制作,需要绘制结构图以统一规范。

版面编排模式的结构图必须标明尺寸,标出各种构成要素(标志、标准字、企业名、插图、标题字、文案内容等)在版面上的空间位置。

5.2.7 编制 VI 视觉识别手册

1. 手册结构体系

(1) 企业理念的诠释。如 CI 概念、设计概念、设计系统的构成及内容说明。

(2) 设计项目的规定。主要包括各设计项目的概念说明和使用规范说明等。如企业标志的意义、定位、单色或色彩的表示规定、使用说明和注意事项,标志变化的开发目的和使用范围,具体禁止使用例子等。

(3) 用设计项目的规定。主要包括各设计项目的设计展开标准、使用规范和样式、施工要求和规范详图等。如事务用品的用字、色彩及制作工艺等。

2. 手册编制形式

(1) 基本设计项目规定和应用设计项目规定,按一定的规律编制装订成一册,多采用活页形式,以便于增补。

(2) 将基本设计项目规定和应用设计项目规定分开编制,各自装订成册,多采用活页和目录形式。

(3)根据企业不同机构(如分公司)或媒体的不同类别,将应用设计项目分册编制,以便使用。

3. 设计手册的具体内容

(1)引言部分。如领导致辞,企业理念体系说明和形象概念阐述,导入CI的目的和背景,手册的使用方法和要求。

(2)基本设计项目及其组合系统部分。如基本要素的表示法、变体设计等。

(3)应用设计项目部分。

案例分析 26

图 5-82 为 VI 视觉识别手册的表示方法——VI 树。

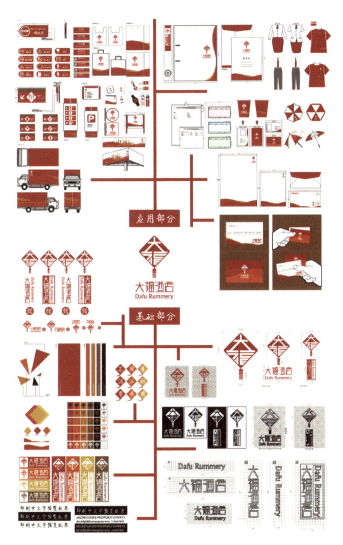

图 5-82　大福酒店 VI 树学生作品(林佳强)

点评：此图是大福酒店的企业形象设计手册，此手册以VI树的形式向我们展示了一个企业品牌文化的塑造方法，由此图可以看到在企业品牌设计中有三大核心，分别是企业标志、企业标准色彩以及企业标准字体的设计及应用。它们就像核裂变一样可以应用到企业的办公、环境、包装及生产销售之中，为企业产生无限大的附加价值，所以我们要做求真务实的设计，为企业量身定做行之有效的品牌文化。

再如图5-83所示，当一套VI手册编辑成册后需要精装，往往一套VI手册可以细致规范到很多内容，所以不仅仅是一本册子。

图5-83　VI手册

点评：此图是VI手册编辑成册的精装展示效果图，从图中我们可以认识到一个企业的品牌文化塑造是一个长期发展的过程，它可以细化很多内容，所以它可以是一本手册，也可以装订成系列手册。

第 6 章
城市的品牌与形象设计

1. 通过学习本章，读者应更深一步了解城市品牌，提高形象思维和逻辑思维能力。

2. 读者应在对城市品牌更多认知的基础上，开拓更多的想象力和创造力，自主学习创建城市品牌。

技能要求

1. 了解城市品牌的由来及意义。
2. 了解世界几大具有良好品牌效应的城市。
3. 了解和关注城市形象识别系统的应用。

城市标志是城市形象识别系统的重要组成部分，对完善和加强城市形象建设具有重要的意义。城市标志是由经过设计的特定图形或文字构成，它以象征性的抽象语言和特殊造型、图案来传递城市形象信息。作为一种视觉识别的符号，其独特的艺术语言能够使它在一瞬间被注意、识别和记忆。一个形象鲜明的城市标志，就足以使人们对这座城市留下深刻的印象，它是一种浓缩了的信息元，以视觉符号传达的方式，有力地切入城市建设的信息世界。城市标志设计首先要对城市形象进行定位，然后形成城市形象理念，以此为依据，采用视觉符号对复杂多元的城市信息进行归纳和提炼。一旦城市标志得到了人们的认同，它所表现出的信息功效是语言文字性的宣传难以企及的。

6.1 城市标志的由来

城市标志符号并非现代社会特有的产物，它的起源可以追溯到原始部落的"图腾"。考古学家发现在人类文明的起源，图腾和简易的旗帜就已经具备了代表部落象征的功能。其内涵虽没有现代城市标志的内涵丰富，但也已经基本具备了地域或群族标志的基本功能。城市标志不仅具有标识的提示功能，还是城市自然环境和人文环境的综合体现，具有明显的地域特性。

6.2 城市形象的定位

城市形象是指城市整体化的精神与风貌,是城市全方位、全局性的形象,包括城市的整体风格与面貌、城市居民的整体价值观、精神面貌、文化水平等。通过城市形象定位,可以明确设计任务,为提炼城市的标志符号做好准备。从城市标志设计的角度去进行城市形象定位,其核心就是发掘其"特色",同其他城市区别开来,使城市自身别具一格。设计一个成功的城市标志,就应该以城市本身所具有的优势为切入点,进行形象定位。由于城市系统的复杂性,我们可以通过城市形象细分的方法来分析城市的优势所在,从而设计出最具有特色的当地形象。

但是,对复杂的大城市应从多视角综合定位城市形象,可以从以下几个层面进行细分定位。

(1) 按城市功能形象分。功能形象分为城市一般功能形象与城市核心功能形象、城市总体形象与城市区域形象、城市内涵形象与城市外延形象等。

(2) 按城市环境形象分。环境形象分为城市自然环境形象、城市人文环境形象和城市经济环境形象等。

(3) 按城市文脉形象分。文脉形象分为城市现代文化形象与古代文化形象、城市主流民族文化形象与少数民族文化形象、城市世俗文化形象与宗教文化形象、城市本土文化形象与域外文化形象等。

城市形象细分定位,有利于抓住城市某一方面的形象特色,加以拓展,使城市整体形象与众不同。在城市形象细分后总结其优势,然后归纳和提炼,进而形成理念的视觉化表达,形成这个城市的城市形象理念。

6.3 城市形象理念的形成

城市形象理念的形成涉及许多方面,政治文化、独特的自然环境、城市的文脉等因素,都直接或间接形成城市的形象理念,但是在其形成过程中,对城市文脉的解读是核心,任何城市都有着属于它独有的城市文脉。美国城市建筑学家刘易斯·芒福德曾说过,城市是文化的容器。

城市作为各类文化的最大载体,记录着城市不同时期特有的面貌,见证了各个时代人们在城市中留下的足迹。在城市漫长的发展历程中积淀下来的各种显性或隐性的、与城市本质相关联的背景,形成了一条清晰或隐晦的文化脉络,它记录了该城市自然、历史、文化等方面的特色,是一个城市地域文化最本质的区别,是带给人们对该城市强烈的感知和认同感的根本所在。这期间有显性与隐性的城市文脉之分,显性的城市文脉是指可见的城市形象构成要素中体现出的城市文化内涵,隐性的城市文脉指的是那些对城市形态的形成有着潜在的、深远影响的因素(包括传说与民俗风情、地域文学、戏曲、宗教等方面,可以称之为非物质城市形象),这种深层的影响对不少城市形象产生了根本性的作用,决定着城市的表象特征。

1. 城市文脉的记忆性

城市的记忆正在消失,如果割断了城市文脉的记忆性,只会让城市特征无法传承。

2. 城市文脉的标志性

建筑代表了当地的形象与文化,如巴黎的埃菲尔铁塔、北京的故宫。

3. 城市发展的理念

城市标志是城市理念的符号形象,是城市理念的视觉载体。而城市发展的理念是城市理念的重要组成部分。城市的发展理念是城市希望对外展示的重要部分。例如,地理环境,广西壮族自治区桂林市,一直以来都有"桂林山水甲天下"之称,它的城市标志象鼻山及其倒影为中部构图;又例如,象征与传说,意大利的首都罗马,是一座有2 700年历史的世界名城,罗马市永久的城市标志就是传说中哺育婴儿的母狼形象。

4. 城市形象的新影响

例如,电影《唐山大地震》成功塑造了唐山的城市形象,王家卫的电影《旺角卡门》《阿飞正传》《重庆森林》让我们记住了香港,《西西里的美丽传说》讲述了二战时期发生在意大利西西里岛的一个浪漫故事,让我们了解西西里岛令人心动的自然之美和亲昵宜人的世俗之美。

6.4 国际城市品牌

案例一:英国-伦敦

伦敦是欧洲最大的城市,800万人口中29%为白人以外的人种。富人大多住在伦敦南部绿树成荫的温布尔登地区,拥有各自的独立住宅。伦敦北部地区也比较富庶,所以首都伦敦的形象设计也如同一张城市名片,充分体现着国际化大都市多元化发展的特色(见图 6-1 和图 6-2)。

图 6-1　伦敦城市的标志

图 6-2　伦敦城市标志的变体应用

此外,由伦敦形象产生的系列产品也很多,这些产品对城市形象无时无刻不在起着宣传作用(如图 6-3 至图 6-14 所示)。

第 6 章　城市的品牌与形象设计

图 6-3　字体风格　　　　图 6-4　伦敦城市办公用品应用

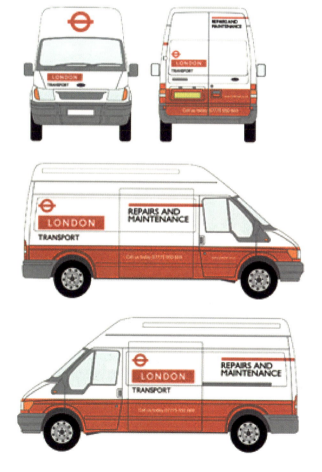

图 6-5　伦敦城市交通工具

图 6-6　伦敦时尚周（一）　　　　图 6-7　伦敦时尚周（二）

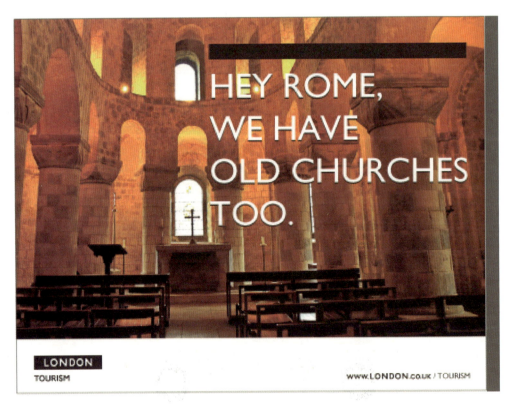

图 6-8　伦敦古老的教堂

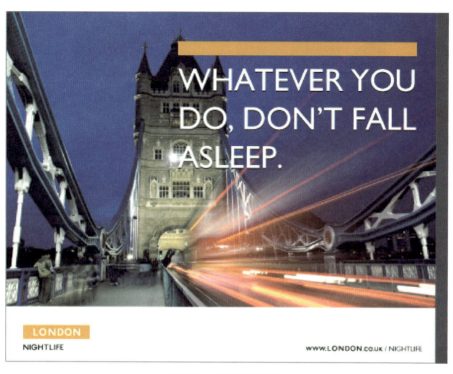

图 6-9　伦敦的夜生活

图 6-10　发现伦敦

图 6-11　电影院标志

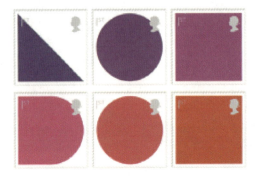

图 6-12　电影院标志变体

图 6-13　电影院标志应用

2012年的伦敦奥运会也为伦敦文化带来另一个转变，城市新地标的形成——伦敦奥运会主体育场的外形下窄上宽，酷似一个汤碗，同北京奥运会的"鸟巢"相映成趣（见图6-15）。底部的田径场和底层的2.5万个座位在地平面之下，而上部的5.5万个座位在奥运会和残奥会结束后将全部被拆除。伦敦奥组委强调，这个独特的设计具有"奥运里程碑"式的意义，将为奥运史留下宝贵的遗产。

2012年伦敦奥运会的远大理想与1948年伦敦奥运会的丰富经验跨越60年光阴联

图 6-14　电影院标志的变体装置

图 6-15　斯特拉特福德奥林匹克体育场（2012 年伦敦奥运会的举办地）

系了起来。英国体育大臣特萨奇韦尔在最后陈述中说："每一个场馆都有一个明确的清晰的未来目标，我们有一个未来 25 年的商业计划。"

"在全球化的今天，奥运会是一国进行国际化推广的最大最有效的一个平台，奥运会非常符合伦敦整个城市发展的战略。"伦敦市副市长罗思义表示，伦敦举办 2012 年奥运会最主要的目的，就是帮助伦敦巩固其最佳国际化大都市的形象，如图 6-16 至图 6-18 所示。

图 6-16　奥运会水上运动场

图 6-17　伦敦奥运会 logo

案例二：俄罗斯-雅罗斯拉夫尔

俄罗斯古城雅罗斯拉夫尔发布城市形象标识，雅罗斯拉夫尔（Yaroslavl）位于莫斯科东北部，人口约 59 万。雅罗斯拉夫尔是俄罗斯最古老的城市之一，2010 年庆祝了它的建市一千年诞辰。该城市的历史中心位于伏尔加河和科托罗斯尔河的汇流处，被联合国教科文组织评定为世界文化遗产。2012 年 12 月 26 日，雅罗斯拉夫尔发布了城市的形象标识（见图 6-19），标识由俄罗斯最大的设计公司 Art. Lebedev Studio 设计。

图 6-18　伦敦奥运会吉祥物的设计卡通形象与运动道具结合的设计

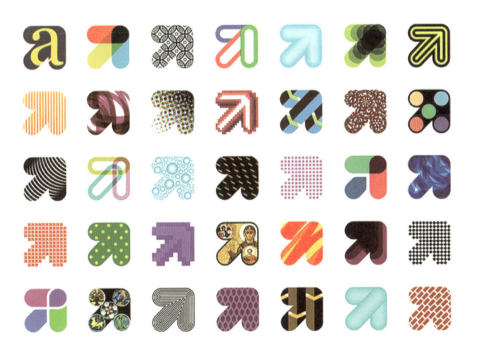

图 6-19　雅罗斯拉夫尔的城市形象标识

雅罗斯拉夫尔的城市形象标识主要图案是一个箭头,设计灵感来源于雅罗斯拉夫尔位于伏尔加河和科托罗斯尔河两条河流的交汇处这一地理特征;同时这个图案也是"Я"字母艺术化处理,"Я"是雅罗斯拉夫尔俄语名称"Яросла•вль"的首字母。雅罗斯拉夫尔的标志及应用如图6-20至图6-28所示。

图6-20　雅罗斯拉夫尔城市形象标识主标识

图6-21　俄文版和英文版的标识

图6-22　城市形象标识应用(一)

图 6-23　城市形象标识应用（二）

图 6-24　城市形象标识应用（三）

图 6-25 城市形象标识应用（四）

图 6-26 城市形象标识应用（五）

图 6-27　城市形象标识应用（六）

图 6-28　城市形象标识应用（七）

案例三：美国-费城

费城建立于 1682 年，美国费城的城市形象讲述了一个现代的文艺复兴城市的故事。新形象由 J2 Design Partnership 设计，为费城提供了一个简洁、充满活力和现代属性的城市形象。以下是美国费城城市形象的标识应用（见图 6-29 至图 6-33）。

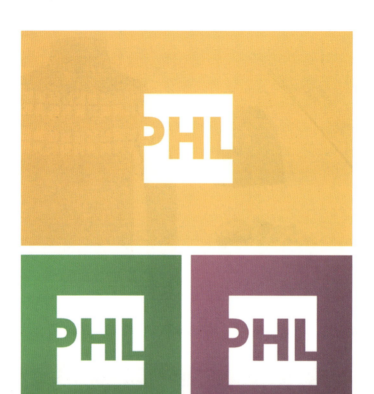

图 6-29 美国费城城市形象设计

图 6-30 城市形象标识的应用(一)

图 6-31　城市形象标识的应用（二）

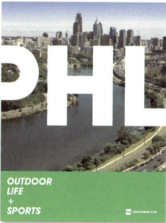

图 6-32　城市形象标识的应用（三）

图 6-33　随处可见的城市标识

案例四：悉尼-维多利亚女王大厦

维多利亚女王大厦，简称 QVB，是典型的罗马风格结构，外墙是斑驳的深橙色。大厦顶端中央耸立着精致的玻璃圆顶，建筑侧面则是华丽的彩色玻璃窗，细密的木头镶板，建筑内还收藏了众多的皇家画作。作为悉尼的一大坐标，维多利亚女王大厦是市内顶级的购物商场，主要销售高端品牌和名设计师设计的服饰，上层商场以珠宝及古董商店为主。相比商品，建筑本身也许更加吸引人。在这里逛街和买东西已经成为次要的了，人们大部分都被英伦风格的室内装饰所折服。拼花的地板，多彩的穹顶，古老的吊钟，无一不让人感到皇家的典雅与奢侈。维多利亚女王大厦的外观及局部如图 6-34 所示。

(a) 维多利亚女王大厦（外景）

图　6-34

(b) 维多利亚女王大厦 (内景)

图 6-34 （续）

6.5 各地特色标志

案例一：美国-纽约

纽约城市品牌形象 VI 由著名的 Wolff Olins 公司设计，Wolff Olins 曾为伦敦奥运、AOL、联合利华、New Museum 等设计形象，其设计无不实践了其所倡导的"Brand New Growth"（品牌识别生长）的概念，运用集合构成的手法，画面给人形成独特的视觉冲击力，现代感与文化感十足。纽约城市品牌形象 VI 设计如图 6-35 所示。

案例二：爱尔兰-威尔士国家歌剧院

威尔士国家歌剧院（The Welsh National Opera）成立于 1946 年，位于威尔士首都和第一大城市加地夫。每年该剧院提供超过 120 次的演出和 8 个不同阶段的歌剧组合，不包括定期和指定地点的演出。每年约有 15 万人次在这里观看演出。所以威尔士国家歌剧院决定启用全新的视觉形象标志，如图 6-36 所示。

新标志中将威尔士国家歌剧院英文缩写 WNO 中的字母 O 用色彩艳丽的笔刷进行设计极具视觉张力。新标志由英国著名画家、版画家霍华德·霍奇金（Howard Hodgkin）和设计公司 Hat-Trick 共同完成。霍华德·霍奇金出生于伦敦，他是一位富创意的、多产的版画家。威尔士国家歌剧院新标志及应用如图 6-37 至图 6-42 所示。

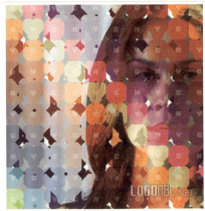

图 6-35 纽约城市品牌形象 VI 设计

图 6-36 威尔士国家歌剧院新形象

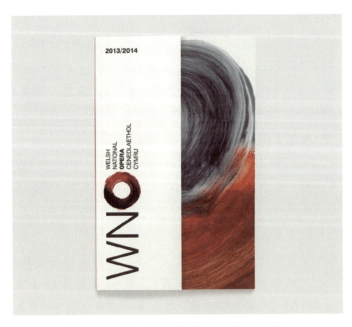

图 6-37 威尔士国家歌剧院英文缩写 WNO

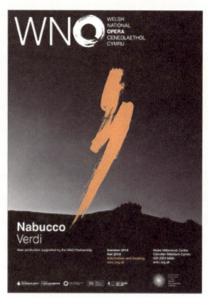

图 6-38　威尔士国家歌剧院标识应用(一)

图 6-39　威尔士国家歌剧院标识应用(二)

企业形象设计

图 6-40 威尔士国家歌剧院标识应用（三）

图 6-41 威尔士国家歌剧院标识应用（四）

图 6-42　威尔士国家歌剧院旧标志

案例三：保加利亚旅游推广标识

　　保加利亚共和国位于欧洲东南部巴尔干半岛上，每年接待超过 800 万游客。首都索非亚是一个风景迷人的旅游胜地，是闻名世界的花园城市。它的街道、广场、住宅区掩映在一片葱绿之中，市区有多处林荫大道、草坪和花园。建筑物大都为白色或浅黄色，与缤纷的花木相映，显得格外恬静洁雅。街道上有许多花店、花摊，市民们普遍喜欢种花和赠花，最受欢迎的是经久不谢的石竹花、郁金香和红玫瑰。

　　鉴于地域特点保加利亚经济能源和旅游部公布了一个新的旅游形象标识，标识由位于保加利亚首都索非亚的 Publicis MARC Group 设计，作为保加利亚的旅游推广标识。保加利亚发布的旅游形象标识及应用如图 6-43 至图 6-46 所示。

图 6-43　保加利亚的旅游推广标识（一）

图 6-44 保加利亚的旅游推广标识（二）

保加利亚的旅游形象标识融合了太阳和花作为主要元素，其中太阳在中间固定，在外围，通过使用不同的图案如沙滩、大海、山、湖等组成固定形状的图形，可以运用于不同的旅游主题，以此象征保加利亚作为旅游目的地的多选择性。字体方面，使用了新旧结合的设计，既包含了可以追溯到 9 世纪的保加利亚老格拉哥里字母（Glagolitic alphabet），又运用了当前在保加利亚广泛使用的新西里尔字母（Cyrillic alphabet）。

图 6-45 保加利亚的旅游推广标识的应用(一)

图 6-46 保加利亚的旅游推广标识的应用(二)

案例四：美国航空公司

美国航空公司(American Airlines)于 2012 年 1 月 17 日公布了新的公司 Logo 以及新的飞机涂装。这项改变预示着美航将迎来一个全新的开始。

美航此次公布的新 Logo 非常简洁,灵感仍来自于其经典的老鹰标志,只是新 Logo 中的老鹰形象更为抽象。美航在 1934 年首次在 Logo 中引入了老鹰标志,随后美航的 Logo 经历了数次更新。新标志由 FutureBrand 品牌咨询和设计公司负责设计。美国航空公司的新标志和应用如图 6-47 至图 6-51 所示。

图 6-47　美国航空公司新形象

图 6-48　美国航空公司新形象应用（一）

图 6-49　美国航空公司新形象应用（二）

图 6-50　美国航空公司新形象应用（三）

图 6-51　美国航空公司新形象应用（四）

案例五：英国托马斯·库克集团

英国托马斯·库克集团（Thomas Cook Group）成立于 2007 年，由托马斯·库克 AG 和 MyTravel 集团合并而成，是一家领先的跨国休闲旅游集团，旗下有一系列在欧洲和北美市场首屈一指的旅游品牌：Ving（挪威和瑞典共用）、Spies（丹麦）和 Tjäreborg（芬兰）。为加强对这三个品牌的统一，该集团发布了全新的"V"字心形标志（见图 6-52）。新的标志也将应用到集团旗下的酒店等其他品牌中。英国托马斯·库克集团的标志及应用如图 6-52 至图 6-62 所示。

图 6-52　英国托马斯·库克集团"V"字心形标志

图 6-53　托马斯·库克集团旗下原来的品牌标志

图 6-54　品牌统一后的标志

"选择橙黄色是因为它代表了太阳的颜色,有温暖和家的感觉。心形的 V 字代表我们对客户的承诺,从客户预定旅程的开始,再到我们的航空飞行,各个旅游景点和酒店,我们将尽最大努力,给客户提供一个愉快欢乐的假期。"MagnusWikne 说。

图 6-55　心形 V 字标识的应用(一)

图 6-56　心形 V 字标识的应用(二)

图 6-57 心形 V 字标识的应用(三)

图 6-58 心形 V 字标识的应用(四)

图 6-59　心形 V 字标识的应用（五）

图 6-60　心形 V 字标识的应用（六）

图 6-61　心形 V 字标识的应用（七）

图 6-62　心形 V 字标识的应用（八）

案例六：中国-广州

当今世界，城市的核心竞争力已经不仅体现在经济和技术上，更体现在文化和品牌上，城市不仅以文化论输赢，还要以文化定未来，城市之间的竞争日趋演变为经济和文化的融合，以及在这个基础上的相互文化竞争。一座城市，如果没有鲜明的城市形象，如果没有文化和品牌来支撑，那么这座城市就会失去灵魂和色彩，其经济和社会等方面的发展也是难以持续的。

城市的核心竞争力已经不仅体现在经济和技术上，更体现在文化和品牌上。"千年羊城，南国明珠"不但是广州的最新名片，而且更应是广州的文化品牌（见图6-64）。城市形象，不但是历史、文物、风景、建筑、文化等各种要素的结合，是这座城市在"体形、面孔和气质"等个性特征方面的综合表现，而且也是人们对这座城市的深刻印象和整体感知。城市形象定位，就是对这座城市最具生机的个性特征的强化和提升，一座富有魅力的城市就一定要有鲜明的城市形象。"千年羊城，南国明珠"被选为广州城市形象的最新表述词，进一步显示出了广州城市的鲜明个性和特色，使广大公众对广州城市形象有了更加清晰的认识。这一城市形象定位，对于打造城市文化品牌，增强城市文化软实力，提高城市竞争力，都有着重要的意义和作用。

城市文化，不仅包括城市的历史文化、文化产品、文化设施、人文特质、精神风貌，而且还应包括市民的思维方式、生活方式、价值准则、消费心理、饮食习惯等。但是，城市文化又是内在的、含蓄的、分散的，如果不能合理地、有重点地高度整合起来，就会给人一种说不清、道不明的感觉。因此，我们要通过深入研究城市的历史、文化、人文、自然、地理等各方面的资源，善于提炼出这座城市应突出的文化精髓和灵魂，并进一步概括出真正属于自己这座城市且其他城市不能替代的文化特征。

城市品牌，不但是城市历史文化和特色资源的产物，而且也是城市的无形资产和更宝贵的财富。它不仅可以提高城市的知名度、美誉度，增强这座城市的影响力和竞争力，而且还可以提高市民对城市的归属感、自豪感，增强这座城市的凝聚力和向心力。城市品牌就是向社会公众提供持续的、值得信赖的、有关联的特别印记，以提高社会公众对这座城市的认知程度和反应效用，以增强城市的聚积效益、规模效益和辐射效益。城市品牌还凝聚和体现着这座城市的功能、理念、愿景和整体价值取向，并由此产生出这座城市的辐射力和吸引力。

综上所述，"千年羊城，南国明珠"不仅是广州的最新名片，而且更应是广州的文化品牌。塑造广州的城市文化品牌，我们不仅可以从城市形象的定位入手，使城市的文化形象与文化品牌在内涵上统一起来，而且还应该将城市的文化功能和文化品牌在外延上更好地融合起来。塑造广州的城市文化品牌，我们不仅要追求健全的城市功能，营造令人赏心悦目的城市风貌,而且还应该全面体现对人的关怀,传承这座城市的历史文化,充分反映这座城市的核心价值与高附加值。因此,我们要让这一城市文化品牌越来越好、越来越亮、越来越响,认真宣传好、挖掘好、利用好这一城市文化品牌,如利用各种媒体特别是电视宣传片、书籍、画册和明信片等宣传品进行宣传推介,利用城市各种活动特别是建主题雕塑、文化创意、特色旅游、会展和论坛等活动进行资源整合,等等,从而使广州的城市文化品牌得到不断增值。广州"名称资源"的挖掘还大有潜力,除"羊城"外,还有"花城""岭南"等名称,广州还有大量的自然地理、古迹、知名事件,如珠江、三元里、十三行、广交会等。这些广州特有的名称,不仅有利于品牌传播,更有利于品牌价值的打造和提升。或许,经过一段时期的城市形象再造和品牌打造,广州将不再是一个说不清、道不明的形象模糊的大都市,而是一个具有良好品牌形象的国际化大都市。最具代表性的"五羊"衍生的一系列产品品牌设计如图 6-63 至图 6-67 所示。

图 6-63 广州亚运会标志

第 6 章 城市的品牌与形象设计

图 6-64 羊城形象标志

图 6-65 "五羊"衍生的一系列产品

图 6-66 "五羊"运用于商品宣传

图 6-67 "五羊"形象的运用

6.6 正在创建中的城市品牌

案例：中国-珠海

为加快推进珠海市民文化广场项目工程建设，为加强公众参与，发挥公众在重大文化工程建设项目中的作用,提高城市规划、建设水平,2012年根据市委、市政府的有关要求及相关法律法规的有关规定,现对珠海市民文化广场项目提出三个候选规划设计方案。

方案一:鹤舞海韵

鹤舞海韵方案充分运用曲线元素着重表达珠海显著的海洋文化特色,以及轻盈隽秀的岭南建筑特色。建筑造型以海边的贝壳为灵感,洁白轻盈,圆润光滑;建筑内部的功能包括排演厅、观演厅、展厅以及以电影院线为主的文化相关产业,地下负一层布置有书城、餐饮、购物等配套商业,为市民的文化生活提供多种选择,负二、负三层为车库,建成之后将极具标志性和独特性。珠海市民文化广场鹤舞海韵设计如图6-68所示。

图6-68　珠海市民文化广场项目鹤舞海韵方案

方案二:城市舞台

城市舞台方案建筑极具现代感,大气、整体,展示的是城市的"客厅",是市民活动的"舞台"。珠海丰富的非物质文化遗产如飘色、鹤舞、民歌等,具有很强的表演价值和观赏性,将来珠海非物质文化遗产的活态展示就可以在广场上进行。大型广场空间和错落的平台形成尺度不同的表演舞台,而广场上的起坡则是充当看台。平时,市民自发性的演出和户外展览也可以在"城市舞台"进行。珠海城市舞台的设计方案如图6-69和图6-70所示。

方案三:珠海歌剧院

珠海大剧院造型独特,有"珠生于贝,贝生于海"的意境。贝壳形的建筑外表由许多玻璃材质的构件组合而成,观演大厅以极具地域特色的贝壳为原料装饰,如同一颗璀璨

图 6-69 城市舞台方案效果图

的珍珠静卧于两扇贝壳之中。由大、小两个贝壳造型组成的珠海大剧院,外表的框架是钢结构,总用钢量约 1 万吨,其中大贝壳用钢量约 6500 吨,由 4500 根左右的杆件组成。大贝壳的钢结构高 90 米,相当于 30 层高的大楼那么高,宽 130 米,天窗桁架跨度最大约 36 米。珠海大剧院的效果图如图 6-71 和图 6-72 所示。

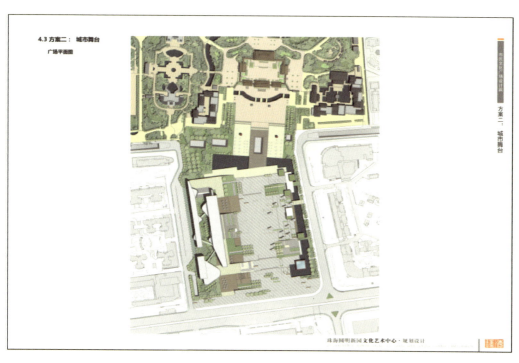

图 6-70　城市舞台方案平面图

图 6-71　珠海大剧院造型

图6-72　正在施工的珠海歌剧院

6.7　学生设计案例

案例一：第十届珠海国际航空航天博览会的工艺品设计与开发应用（学生作品）

为了践行"校企双主体"人才培养模式，实施"'教学企业'为主基地、真实项目为载体、校企协同育人"的人才培养改革，充分利用广科院金辉工艺品产学研基地"教学企业"资源，项目班参与第十届珠海国际航空航天博览会的工艺品设计与开发应用，设计出上百套航展主题产品。学生关于第十届珠海国际航空航天博览会的工艺品设计如图6-73和图6-74所示。

案例点评：从下图的系列徽章设计可见，作品运用丰富的想象力注重设计的细节，结合航空航展的元素以图案化的手法记录了珠海国际航空航天博览会这一重大的科技与文化的对话与传承活动。

图 6-73　珠海航展航天徽章套装设计

图 6-74　中国航天发展历程徽章拼图设计

案例二：Pandamate 品牌形象设计（学生作品）

这组作品以熊猫为基本设计元素，利用熊猫憨态可掬、脾性温顺、体盘肥硕、头圆尾短、自带黑眼圈的可爱形象寓意大学生的纯真性格。在设计上通过拟人化手法赋予熊猫各种大学生形态和语态，更是大胆的想象。对熊猫形象做了 56 个民族的服饰变化，使一个具有人物民族情节的熊猫形象生动地呈现在我们面前。

1. 学生关于 Pandamate 品牌的经典语录与插画设计如图 6-75 和图 6-76 所示。

图 6-75　Pandamate 品牌形象生活化衍生（一）

图 6-76　Pandamate 品牌形象生活化衍生（二）

2. 学生关于Pandamate品牌56个民族的设计

设计说明:学生把56个民族的地域文化通过Pandamate不同的着装形象人格化,更好地诠释了中国传统文化,旨在唤起人们对中国传统文化的认识和重视,以及通过聚集56个民族服饰及熊猫载体,寓意祖国团结昌盛的民族凝聚精神。关于Pandamate品牌56个民族的形象设计如图6-77所示。

图6-77　Pandamate品牌56个民族形象设计

案例点评：这组学生的作品非常生动，形象地把大学生的人物性格借助熊猫的形象拟人化，设计了很多生动的生活场景，例如熊猫在校园的学习生活、大学生语态等，他们设计的亮点是用熊猫来诠释56个民族不同地域文化的民族服饰文化，赋予熊猫民族化、性格化、职业化的形态。作品表现手法生动、主题精彩、内容丰富。

6.8 城市品牌建设的重要性

特色城市的建设需要特色的城市文化资本，对城市文化资本进行加工，创造出特有的文化标识，建立完整的特色分区视觉系统。从城市文化资本谈起，提出由特色城市文化提炼独特城市标识的概念，再将提炼出的文化标识运用于城市视觉识别系统设计的各个方面，从文化内涵和视觉形象全方位彻底提升城市形象。

一个城市的形象和城市文化特色的价值来源于多方面，一个城市的形象是一个城市政治、经济和文化的综合反映。城市文化标识与市民文化形象能够丰富城市内涵，提高市民素质，提升城市形象；能够团结和凝聚力量，为城市综合实力的提升提供精神动力。城市文化是城市综合实力的体现和生产力发展的重要标志之一。城市文化标识具有深刻的内涵和明显的系统性，与企业文化的企业形象识别系统构成相似，视觉系统与视觉识别就是指人们对一个城市的统一、完整的视觉感受与认知。城市文化标识作为一个整体系统也可以分为三个层次：一是理念识别，表现在城市精神、价值观念、最高目标、风俗习惯、道德规范等纯精神观念因素。二是行为识别，体现在城市法律规章、管理制度、城市形象、行为准则、典礼仪式、组织领导方式以及其他行为艺术方式。三是视觉识别，体现在城市的外观设计。

不仅是大型标志性建筑物，小到公共设施都要考虑本土文化的建设。在公共设施中，对于在不同环境情况下出现的文字，我们应该选用与文化背景和时代相应的字体，使用统一的字体，使公共设施系统显得更加整齐，突出各个区域的特色。

城市品牌建设有利于增强城市居民意识，增强向心力、凝聚力、认同感以及归属感。一个好的城市品牌对城市居民来说是极大的鼓舞作用，如"人间天堂"的苏州杭州，向来很少有人想要外迁。

城市品牌更有强大的辐射带动作用，一个城市要让人们了解它，就必须有一个鲜明的形象让人们记住它，这样有利于提高城市的知名度和美誉，所以，要高度重视建设城市品牌，精心塑造城市形象，努力打造城市品牌。

6.9 城市发展新趋向

城市发展趋于城市大型活动的组织开展。在世界范围内，近年来城市大型活动的组织开展和规划建设取得了迅速的发展，在国外，城市大型活动更多的是以一种产业的形式出现并加以扶持和管理。国外城市大型活动的概念范畴主要包括会展、节庆、赛事、休闲旅游在内，并以自己特有的形式和内容，成为一个新的行业。国内仅从2008年开始，北京举办了奥运会、上海举办了世博会、广州举办了亚运会、深圳举办了世界大运会，关于城市大型活动的研究，已经成为政府、科研、社会机构和广大群众研究和讨论的话题。

国内外对城市大型活动的概念并没有统一，一些学者认为还不能成为单独的概念，还是应该规范性称为会展活动。关于活动，Getz(1991)认为，活动是旅游魅力的一个独特形式，规模从诸如奥林匹克和世界杯、橄榄球等大活动到公园里的娱乐节目，分为运动活动部分、政治活动部分、个人活动部分、商务贸易活动部分、文化活动部分、娱乐活动部分、教育活动部分等。国内学者王尚君认为，大型活动主要是指主办地的组织机构投入大量资金和公众支持设计的定期或一次性举办的会议、展览、节庆、文化或体育赛事等活动，该活动能够对广泛区域的受众群体产生强大的吸引力，旨在为主办地获得一定的经济利益、社会效益和政治目的。目前活动比较丰富、文化产业比较活跃的城市一般都是一、二级大城市，比如深圳文化创意产业做得非常活跃，城市基建非常好，而且不定期都有很多的大型活动，使城市充满了年轻的活力。深圳南山区蛇口特色夜景如图6-78和图6-79所示。

无论是2008年北京奥运会、2010年上海世博会，还是2010年广州亚运会，2011年深圳大运会，这些举世瞩目的全球性盛会，无一不给中国城市的品牌经营带来发展契机。凡举办过奥运会的国家及城市，国际声望和知名度都会大幅度提升，北京奥运会帆船比赛举办城市青岛在利用奥运资源进行城市品牌推介方面最为出色，在依托城市特色和产品优势的基础上，紧扣城市品牌定位"帆船之都"举行了一系列活动，比如向全球征集城市卡通形象。如今，青岛依旧借助奥运遗产，以"帆船之都"的名城效应继续带动青岛城市品牌向另一个高峰迈进。

图 6-78 深圳南山区蛇口特色夜景一角（一）

图 6-79 深圳南山区蛇口特色夜景一角（二）

可以说，在城市品牌提升方面，全球性盛会有着极其重要的作用，而大型会展、节庆活动的影响同样不可小觑。贵阳以"避暑节"为城市品牌推广切入点，其所形成的"避暑经济论坛""避暑之都歌曲""避暑之都生活地图""避暑之都卡通形象"和"避暑之都生活纪录片"，使得贵阳"中国避暑之都"的品牌定位得以进一步确立，知名度和影响力得以进一步提升。此外，大连的国际服装节、哈尔滨的冰雕冰灯艺术节、潍坊的国际风筝节、惠州国际数码节等都是明证。

可见优秀的城市品牌和城市节庆活动应具有鲜明的特色和长久的魅力，虽然有不少城市缺乏战略性规划和传播策略以及充足的投入来打造城市品牌，但是都不惜斥巨资在大型会展、节庆活动上，并将城市的招商引资、旅游推广等融入其中，这也是当下很多城市借大型活动推介城市品牌的一个客观原因。

城市大型活动日渐成为经济、社会发展的重要现象，其对城市建设和经济发展以及城市精神文化建设的促进作用受到越来越多的重视，成为城市发展的巨大引擎，有力地拉动了城市新兴产业。因此，我们应该：

（1）提升城市文化品位。结合城市特色大力发展文化创意产业。例如，举办节庆品牌活动，音乐文化活动，旅游纪念品设计，非遗衍生品开发及应用等，对于充分挖掘地方文化资源，打造城市品牌具有不可估量的作用。如珠海的北山音乐节、网球联赛及2年一届的航天航展博览会都是提升珠海城市形象的重要时机。再如法国的戛纳电影节、德国的慕尼黑啤酒节，等等。

（2）提升民众的心理预期，增强城市的凝聚力。举办节庆活动，可以丰富群众的业余文化生活，引导群众的文化消费，鼓舞人心，带动消费增长。让城市的居民对城市文化有着共同的认知，对生活的城市有强烈的归属感。

（3）吸引国内外大量旅游者，显著带动旅游业等相关产业的发展。扩大城市的知名度、美誉度，引导城市居民的休闲消费和度假旅游。

（4）直接带动城市的招商引资和经贸活动，形成投资的热点地区。

复习思考题

1. 城市品牌建设展现着一个城市的人文、历史、地理，对展现一个城市的风土特色有着无法代替的作用，那么城市品牌建设对经济建设的突出作用主要体现在哪些方面呢？

2. 世界是一个文化的多元体，不同城市有不同的历史渊源、不同的人文归属感，试分析，怎样在日新月异、多元共存的世界中，在既保持城市特色又趋合世界潮流中建设城市品牌与形象？

3. 城市发展新趋向，城市大型活动的组织开展。在世界范围内，近年来城市大型活动的组织开展和规划建设取得了迅速的发展，那么城市品牌推广除了大型活动开展外还有哪些常用的形式？

附　录

一、城市建设如何进一步促进经济发展

1. 科学规划，以城市化带动工业化，以产业化促进经济的全面提升。

城市规划是城市建设的龙头，是城市综合经济发展的基础。我们要努力提高规划的前瞻性、权威性、连续性和系统性，最大限度地发挥规划的生产力和创造力，提高城市综合竞争力，提供必要的人流、物流、财流，形成城市建设和经济发展相互促进的新格局。

2. 全面实施"经营城市"战略，加大基础设施建设力度，改善城市环境。

一个怡人居住、经济繁荣、富有特色的城市，是世人安居乐业的理想场所，为达到这一目标，我们要全面实施"经营城市"战略，运用经济手段推进城市建设，纳入"大经济"范畴，统筹考虑经济效益和社会效益。以经济效益为核心，以市场占有率为目标，以解决城建资金为切入点，做好盘活整个城市资源这篇文章，使城市经济得到可持续的健康发展。

3. 五业并举，重点突出，加快建设行业经济发展。

首先，要加强行业引导和管理。现代城市经济是市场经济发育比较充分的地方，市场经济越发达，其局限性也就愈明显。其次，突出重点，扶持一批有发展潜力的企业不断做大做强，帮助其走集团化发展之路，并引进信誉好、实力雄厚的外地企业来金华发展创业。最后，政府要主动做好各种服务工作、为企业牵线搭桥、出谋划策。

4. 加强城市管理，提升城市形象。

"金规划、银建设、铁管理"是城市发展和进步的"三部曲"。我们要树立建管并重的观念，进一步理顺管理体制，运用多种方法加强城市管理。管理过程中，既要有铁的纪律，又要讲文明礼貌，以维护城市的整体形象。

二、当前城市大型活动组织策划存在的问题

1. 同质化现象较为严重。

众多城市举办的大型活动内容相近、形式相近，甚至参与活动的队伍都相似，这就脱离了城市大型活动结合主办地城市特征的基本要求。

2. 活动内质挖掘不足。

城市大型活动在策划之初就要求要注视内容为先，形式为辅。要突出活动文化内涵的独特性，并通过有力的形式将这种独特性鲜明地张扬出来。不少城市大型活动本末倒置，过分强调活动的包装和宣传，帽子很大，内容空虚，其中根本原因在于活动与文化结合度不高，在追求经济效益的同时往往忽略了文化内涵的挖掘。

3. 活动主体单一性。

大部分活动由政府部门包揽到底，行政色彩浓烈。政府主导并不等于政府主持经办活动的各个环节，相反，政府要把自身从具体繁杂的活动筹备细节和环节中解脱出来。

4. 片面注重单方面效益，造成设计单一化。缺乏系统性、衍生性。

5. 活动自身效应发挥不足，传播范围小。周期短，缺乏长期规划。

6. 市场开发不足，缺乏本土地域文化特色。

7. 资源浪费现象大量存在。

8. 执行效率有待大幅提升。

9. 活动专业性缺失，视觉形象不统一，识别性不高，内容不新颖，缺乏地域文化特色。

10. 绩效考评欠缺等，市场评估不高。

结语：提升大型城市活动策划组织能力，需要明确城市定位和活动规划，引入更多社会力量和民间资本，积极建立市场竞争机制和市场化管理机制，严格活动标准，依托产生、结合政策法规，科学地进行宣传和效果评估，行之有效的服务于城市地域文化建设和宣传。

参 考 文 献

［1］徐洋．品牌与VI设计［M］．上海：上海人民美术出版社，2006．

［2］李鹏程．VI品牌形象设计［M］．北京：人民美术出版社，2010．

［3］黄建平．标志创意设计［M］．上海：上海人民美术出版社，2006．

［4］李道国．商标形象的视觉设计［M］．南京：东南大学出版社，2006．

［5］靳埭强．中国平面设计3 企业形象设计［M］．上海：上海文艺出版社，2000．

［6］金琳，赵海频．VI设计［M］．上海：上海人民美术出版社，2006．

［7］赵洁，马旭东．企业形象设计（中国美术院校新设计系列教材）［M］．上海：上海人民美术出版社，2007．

［8］周小儒．企业形象设计［M］．北京：化学工业出版社，2010．

［9］刘瑛，徐阳．CIS企业形象设计（中国高等院校艺术设计专业教材）［M］．武汉：湖北美术出版社，2011．

［10］张德，吴剑平．企业文化与CI策划［M］．北京：清华大学出版社，2003．

［11］威廉·阿伦斯．当代广告学［M］．北京：人民邮电出版社，2005．

［12］朱健强．品牌形象识别与传播［M］．厦门：厦门大学出版社，2011．

［13］丁邦清．广告策划与创意［M］．北京：高等教育出版社，2011．

［14］百度文库。

［15］新金华第4期。

［16］金华信息第53期。